Guida alla programm

I0008904

Giuseppe Ciaburro

Dedicato ai miei figli Luigi e Simone.

Copyright

Guida alla programmazione con R
Autore: Giuseppe Ciaburro
giuseppe.ciaburro@gmail.com

Sommario

Capitolo primo
Introduzione

R rappresenta un linguaggio di scripting interpretato, dove il termine interpretato ci dice che un'applicazione sarà eseguita senza che la stessa necessiti preventivamente di essere compilata. R adotta il paradigma di programmazione a oggetti, attraverso il quale sarà possibile creare applicazioni moderne e flessibili; in ambiente R tutto rappresenta un oggetto che potrà essere riusato per specifiche esigenze.

Che cos'è R

Precisiamo la definizione che abbiamo appena introdotto per presentare R. In realtà R rappresenta un ambiente sviluppato originariamente per il calcolo statistico e per la produzione di grafici di qualità. Si compone di un linguaggio e di un ambiente di runtime con un'interfaccia grafica, un debugger, l'accesso ad alcune funzioni di sistema, e offre la possibilità di eseguire programmi memorizzati in file di script.

La sua predisposizione verso la statistica non deriva dalla natura del linguaggio, ma dalla disponibilità di grandi raccolte di funzioni statistiche e dagli interessi dei ricercatori che l'hanno inventato e lo hanno sviluppato nel tempo.

La progettazione di R è stata pesantemente influenzata da due linguaggi esistenti: S e S-plus. Si tratta di due linguaggi commerciali sviluppati nel corso degli anni 80. Considerando che il linguaggio che ne deriva è molto simile in apparenza a S, l'implementazione e la semantica sottostanti sono quindi derivate da esso. Le differenze con il linguaggio d'origine non sono grandissime se non sul piano della programmazione, dove R aderisce a un'impostazione probabilmente più maneggevole. R, a differenza di S-Plus, è distribuito sotto licenza GNU, in altre parole disponibile gratuitamente sotto i vincoli della GPL (General Public Licence).

Figura 1.1 – Sito ufficiale del progetto.

Il cuore di R è un linguaggio di programmazione interpretato che consente l'utilizzo delle comuni strutture per il controllo del flusso delle informazioni, e la programmazione modulare utilizzando delle funzioni. La maggior parte delle funzioni, visibili all'utente in ambiente R, sono scritte in R stesso. È inoltre possibile per l'utente di interfacciarsi a procedure scritte in C, C++, o FORTRAN.

La distribuzione R contiene funzionalità per un gran numero di procedure statistiche. Tra queste ci sono: modelli lineari generalizzati, modelli di regressione non lineari, analisi di serie temporali, test non parametrici lineari e parametrici classici, clustering e smoothing. Vi è anche un ampio insieme di funzioni che forniscono un ambiente grafico flessibile per la creazione di vari tipi di presentazioni di dati. Moduli aggiuntivi ("add-on") sottoforma di pacchetti, sono disponibili per una varietà di scopi specifici.

R è stato inizialmente scritto da Ross Ihaka e Robert Gentleman presso il Dipartimento di Statistica dell'Università di Auckland in

Nuova Zelanda. In seguito un nutrito gruppo di programmatori ha contribuito a sviluppare R inviando codice e bug report.

Dalla metà del 1997 poi un gruppo ristretto di sviluppatori individuati dal cosiddetto "R Core Team", ha assunto l'esclusiva di modificare il codice sorgente di R. Il gruppo è attualmente composto da Doug Bates, John Chambers, Peter Dalgaard, Seth Falcon, Robert Gentleman, Kurt Hornik, Stefano Iacus, Ross Ihaka, Friedrich Leisch, Uwe Ligges, Thomas Lumley, Martin Maechler, Duncan Murdoch, Paul Murrell, Martyn Plummer, Brian Ripley, Deepayan Sarkar, Duncan Temple Lang, Luke Tierney, e Simon Urbanek.

Figura 1.2 – R Core Team.

Come già anticipato R rappresenta un vero linguaggio di programmazione, anzi un linguaggio di programmazione avanzato, e ciò permette di adattarlo a ogni compito informatico.

Nella stessa statistica questa flessibilità assume un ruolo rilevante, in modo particolare oggi, dove continuamente si scoprono nuovi bisogni applicativi, nuove necessità di tradurre metodi matematici, ad esempio nella statistica di complessi dati clinici o geografici, in strumenti informatici.
R ha anche trovato rapidamente un seguito perché statistici, ingegneri e scienziati, senza alcuna competenza di programmazio-

ne informatica, hanno trovato l'ambiente particolarmente facile da usare.

Figura 1.3 – Il Sistema Operativo GNU.

R è un programma open-source, e la sua popolarità riflette un cambiamento nel tipo di software utilizzato all'interno società. Ricordiamo a tal proposito che un software open source è libero da qualsiasi vincolo non solo sul suo utilizzo, ma cosa ancora più importante, sul suo sviluppo. Grandi aziende informatiche del calibro di IBM, Hewlett-Packard e Dell, riescono oggi a racimolare miliardi di dollari l'anno vendendo server che eseguono il sistema operativo open-source Linux, che rappresenta il diretto concorrente di Windows della potente e ricca Microsoft.

La maggior parte dei siti Web è gestita attraverso un'applicazione web-server open-source chiamata Apache, e le aziende fanno sempre più affidamento sul database open source MySQL per archiviare le informazioni. Infine molte persone vedono i risultati finali di tutta questa tecnologia tramite il browser web Firefox, anch'esso open-source.

R per molti aspetti è simile ad altri linguaggi di programmazione, quali il C, il Java e il Perl, questo perché con le sue caratteristiche rende particolarmente semplici e veloci, una vasta gamma di attività di elaborazione, fornendo per esse un rapido accesso attraverso vari comandi. Per gli statistici, tuttavia, R è particolarmente utile perché contiene una serie di meccanismi integrati (funzioni built-in) per organizzare i dati, per eseguire calcoli sulle informazioni e per la creazione di rappresentazioni grafiche di banche dati.

Alcune persone che hanno familiarità con R ne apprezzano la particolare analogia con il software per la gestione dei fogli elettronici di casa Microsoft, Excel; nell'analisi dei dati con R, le tendenze sono mostrate in modo più chiaro di quanto sia possibile attraverso l'analisi d'informazioni sottoforma di righe e colonne.

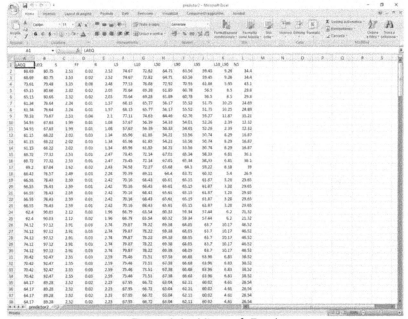

Figura 1.4 – Microsoft Excel.

Cosa rende così utile R e aiuta a spiegare il suo rapido gradimento da parte dell'utente? Il motivo risiede nel fatto che statistici, ingegneri e scienziati, che nel tempo hanno utilizzato il software, essendo in grado di migliorare il codice o di scrivere varianti per compiti specifici, hanno sviluppato una nutrita raccolta di script raggruppati sottoforma di pacchetti. Pacchetti scritti in R, sono in grado di aggiungere algoritmi avanzati, grafici colorati con texture e tecniche di data mining, per analizzare più nel dettaglio le informazioni contenute in un database.

Circa 1.600 diversi pacchetti di aggiornamento si trovano solo su uno dei tanti siti web dedicati a R, e tale numero è in rapida crescita.

Linguaggi compilati

Un compilatore è un programma che trasforma una serie d'istruzioni, scritte utilizzando uno specifico linguaggio di programmazione che è definito codice sorgente, in istruzioni in un altro linguaggio detto codice oggetto. Questo processo di trasformazione è detta compilazione.

Possiamo quindi dire che attraverso la compilazione, il programma, scritto in un linguaggio di programmazione ad alto livello, è tradotto in un codice eseguibile per mezzo di un altro programma detto appunto compilatore.

Se tutti i compilatori riguardanti dei determinati linguaggi di programmazione, seguissero in modo preciso le specifiche del linguaggio stesso, un programma potrebbe essere compilato da ciascun compilatore, producendo risultati esattamente uguali. In questo modo i programmi ottenuti sarebbero in grado di fornire un medesimo risultato, nel caso d'input uguali.

Spesso nella pratica ciò non accade, e molti compilatori implementano il linguaggio in modo incompleto, creando risultati differenti, nel caso di compilazione sotto il medesimo input.

I moderni compilatori eseguono l'operazione di compilazione in due fasi:
- front end - in questa fase il compilatore traduce il codice sorgente in un linguaggio intermedio;
- back end - in questa fase avviene la generazione del codice oggetto.

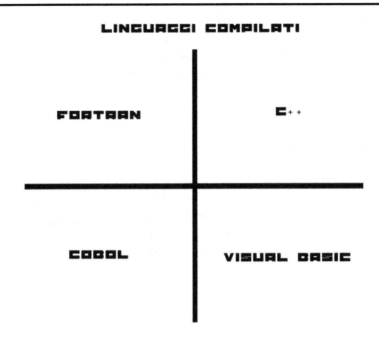

Figura 1.5– Esempi di linguaggi compilati.

Nella fase di front-end sono eseguite le operazioni seguenti:
- analisi lessicale - il codice sorgente è diviso in sezioni elementari dette token attraverso l'utilizzo di un analizzatore lessicale;
- analisi sintattica - i token generati nel passo precedente sono sottoposti ad un controllo sintattico, eseguito con l'utilizzo della grammatica fornita dalle specifiche del linguaggio;
- analisi semantica - con questa operazione si controlla il significato delle istruzioni presenti nel codice sorgente;
- infine è generato il codice intermedio a partire dall'albero di sintassi ottenuto attraverso l'analisi lessicale.

Nella fase di back-end invece sono realizzate le operazioni seguenti:
1) ottimizzazione del codice intermedio;
2) generazione del codice in linguaggio macchina.

Inoltre, nella pratica comune, i programmi implementati fanno massiccio uso di librerie oppure, trattandosi di un progetto complesso, si compongono di moduli software; in tali casi elementi quali librerie e moduli, devono essere collegati ai programmi principali. Tale procedura è detta di linking. Lo strumento che si occupa di fare questo è detto appunto linker o collegatore, e il suo lavoro consiste nel risolvere le interconnessioni tra i diversi moduli.

I collegamenti possono essere di due tipi:
   1) statico;
   2) dinamico.

Nel collegamento statico tutti gli elementi del progetto, siano essi moduli o librerie sono inserite nell'eseguibile, che in questo modo assume dimensioni rilevanti, ma d'altra parte diviene indipendente poiché contiene l'essenziale per la sua esecuzione.

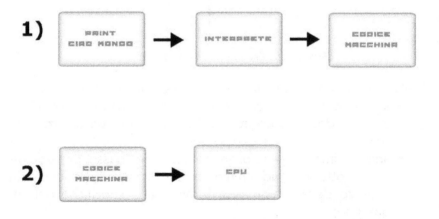

Figura 1.6 – Processo di compilazione.

Il problema di una tale procedura risiede nel fatto che una qualsiasi modifica, a uno degli elementi singoli del progetto, lo vanifica e ne impone un nuovo collegamento.

Nel collegamento dinamico gli elementi da collegare al programma principale, siano essi moduli o librerie, sono caricati dal sistema operativo quando necessario.

Tale tipo di collegamento detto anche linking dinamico fa uso di

librerie esterne, le quali sono dette:
- DLL (Dynamic-link libraries) in ambiente Windows,
- SO (Shared Object) in ambienti Unix.

Il file eseguibile, ottenuto attraverso questo tipo di collegamento, è più compatto, ma il suo corretto funzionamento presuppone la presenza delle librerie previste.

Il collegamento dinamico, quindi, presenta i seguenti vantaggi:
- garantisce un'agevole aggiornamento delle librerie senza la necessità di ricollegare i programmi;
- permette la condivisione delle stesse librerie da parte di più progetti;
- consente la creazione di piccoli programmi che riducono la memoria ram occupata e fanno uso di librerie presenti nel sistema operativo.

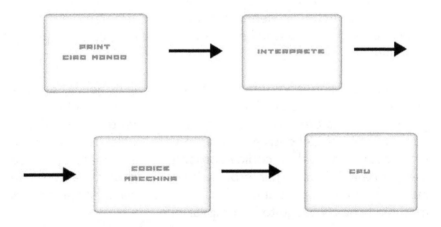

Figura 1.7 – Processo d'interpretazione del codice.

Il processo di esecuzione del programma rappresenta il passo finale di tutto il procedimento e consiste appunto nel lancio del programma e nella verifica dei risultati ottenuti.

A prima vista potrebbe sembrare la cosa più semplice, se non fosse altro perché in questa fase si raccolgono i frutti del lavoro effettuato finora; ma in realtà spesso rappresenta quella più difficile poiché è proprio attraverso l'esecuzione del codice eseguibile creato che si determinano gli eventuali errori commessi nella stesura del programma.

In tale fase si rendono particolarmente utili alcuni programmi, che ci aiutano nell'individuazione di tali errori, che sono detti debbugger.

Linguaggi interpretati

Il linguaggio interpretato è collegato a un programma interprete, che ha il compito di tradurre il codice sorgente in fase di esecuzione, eseguendo così i calcoli e le chiamate di sistema. Questa procedura d'interpretazione del codice sorgente deve essere ripetuta ogni volta che il codice è eseguito e, quindi, richiede la presenza continua dell'interprete sulla macchina. Per questo motivo i linguaggi interpretati producono codice in generale più lento di quello generato dai linguaggi compilati, con l'aggravante di avere accesso limitato al sistema operativo e all'hardware sottostante. Di contro, si presentano più facili da programmare e più veloci nel rilevamento degli errori di codifica rispetto ai linguaggi compilati.

La nascita dei linguaggi interpretati si deve all'esigenza, sempre più crescente, di cercare di eliminare la dipendenza del linguaggio dalla piattaforma, quello che comunemente è identificata come portabilità del codice. Abbiamo visto quale sia la procedura attraverso la quale il codice sorgente è trasformato in codice eseguibile nei linguaggi interpretati; l'unico inconveniente è che attraverso tale procedimento il codice resta vincolato al tipo di macchina che ha eseguito la compilazione.

Con i linguaggi interpretati, ci si basa soltanto su librerie compilate, che sono identificate come componenti e risultano dipendenti dalla piattaforma, mentre il codice è interpretato al momento di esecuzione, e quindi non c'è la necessità di una compilazione su ogni tipologia di macchina su cui è eseguito.

Abbiamo già accennato al grosso difetto di questi linguaggi che è rappresentato dalla lentezza dell'esecuzione; la perdita di prestazioni è essenzialmente dovuta al doppio lavoro che la macchina è costretta a eseguire, infatti, per tali linguaggi ogni istruzione è dapprima interpretata, quindi trasformata in linguaggio macchina e infine eseguita. Tutto questo si ripete a ogni esecuzione del codice.

Figura 1.8 – Java virtual machine.

Tale problema è compensato dalla riusabilità del codice su più piattaforme. Siamo così arrivati alla caratteristica essenziale dei linguaggi interpretati e cioè la portabilità del codice. Allora, si utilizzano linguaggi interpretati quando si cerca di velocizzare la messa a punto di un codice, grazie alla possibilità di evitare le lente e laboriose compilazioni, oppure, nel caso di programmi che non richiedano grossi sforzi di elaborazione alla cpu, ma che richiedono invece la portabilità.

Esempi di linguaggi interpretati sono numerosi tra i linguaggi di scripting e orientati al Web. PHP, Perl, Tcl/Tk, JavaScript, R sono validi esempi di come si possa costruire del codice con ottime prestazioni, non vincolato alla piattaforma.
Nel tentativo di migliorare le prestazioni del codice scritto in un linguaggio interpretato, e di avvicinarlo così alle performance di quello realizzato con linguaggio compilato, si è implementato un linguaggio per così dire intermedio, una sorta di semi-interpretazione, come nel caso di Java.

Il tutto è stato possibile grazie alla compilazione del codice Java in un linguaggio intermedio detto bytecode, basato su istruzioni semplificate che riproducono il linguaggio macchina. Il bytecode così generato sarà eseguito da una macchina virtuale presente sulla macchina in esecuzione (Figura 1.8).

Il software

Vediamo innanzitutto, dove recuperare il software da installare sulla nostra macchina per iniziare a programmare con R. I pacchetti che dovremo installare sono disponibili sul sito ufficiale del linguaggio, al seguente url (CRAN):

```
https://www.r-project.org/
```

CRAN è l'acronimo di Comprehensive R Archive Network è rappresenta una rete di server FTP e web, dislocati in tutto il mondo che memorizzano identiche versioni, aggiornate in tempo reale, del codice sorgente e della documentazione relativa ad R. Il CRAN è direttamente accessibile dal sito di R, e su tale sito è anche possibile trovare informazioni su R, alcuni manuali tecnici, la rivista R, e dettagli sui pacchetti sviluppati per R e memorizzati sui repository CRAN.

Naturalmente prima di scaricare le versioni del software dovremo informarci sul tipo di macchina a nostra disposizione e sul sistema operativo su di essa installato. Ricordiamo però che R è disponibile in pratica per tutti i sistemi operativi in circolazione.

L'ambiente R consentirà la traduzione del nostro codice in un linguaggio comprensibile al nostro computer che gli permetterà di eseguire le istruzioni in esso contenute. Nel periodo di stesura di questo libro, la versione corrente dell'ambiente R è la 3.2.2 che rappresenta quella stabile ed è per questo, che negli esempi che ci accompagneranno nei capitoli successivi, ci riferiremo a tale versione.

Possiamo tranquillamente scaricare il software dalla rete, poiché la programmazione con R è tutta open source e quindi liberamente scaricabile da internet, dove possiamo trovare dei siti che oltre a fornire procedure dettagliate per il download della versione corrente del software, forniscono anche una soddisfacente documentazione.

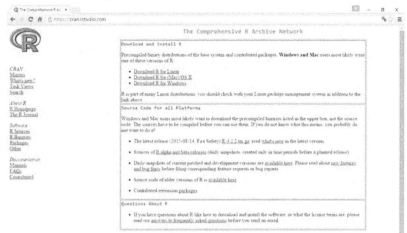

Figura 1.9 – Archivio delle distribuzioni di R.

Installazione

In informatica, l'installazione è la procedura di copia sulla macchina e di configurazione di un software. Generalmente il software è distribuito sotto forma di pacchetto di file compressi, che comprende un'interfaccia che ne facilita e automatizza l'installazione (installer).
L'installazione crea delle cartelle sul disco, dove sono contenuti tutti i file utilizzati per la configurazione del programma, i collegamenti per facilitarne l'esecuzione e scrive i necessari parametri di configurazione.

Di seguito analizzeremo le procedure d'installazione del software appena menzionato, analizzando in particolare la procedura dettagliata relativa a una macchina amd con sistema operativo Windows. Il linguaggio R supporta sia il sistema operativo Windows, sia MaCOS che Linux.

Ci sono essenzialmente due modi per installare R:
  1. utilizzo delle distribuzioni già disponibili sottoforma di bina-

ri che
2. utilizzo dei codici sorgente.

Distribuzione binaria

La distribuzione binaria rappresenta la scelta più semplice è poiché funziona sulla maggior parte delle macchine, sarà quella che adotteremo in modo da renderci le procedure quanto più semplice possibile. Si tratta di una versione compilata di R che può essere scaricata e installata direttamente sul nostro sistema.

Figura 1.10 – Distribuzione binaria per Windows.

Per il sistema operativo Windows, questa versione si presenta come un unico file .exe (scaricabile dal sito CRAN), che può essere facilmente installato con un doppio clic su di esso e seguendo i pochi passi dell'installazione. Si tratta delle procedure d'installazione automatizzate, i cosiddetti installer, attraverso i quali la fase d'installazione del software si riduce da parte dell'utente alla necessità di dover cliccare, una serie di volte su dei pulsanti con la scritta avanti.

Una volta che il processo si è completato, si può iniziare a utilizzare R, tramite l'icona che comparirà sul desktop o tramite il collegamento disponibile nella lista dei programmi utilizzabili nel nostro sistema.

In modo analogo per un sistema Mac OS X, R è disponibile un file d'installazione unico, con estensione .pkg, che può essere scaricato e installato sul nostro sistema.

Figura 1.11 – Distribuzioni binarie per Linux.

Per un sistema Linux, ci sono diverse versioni del file d'installazione. Nella sezione download, è necessario selezionare la versione appropriata di R, secondo la distribuzione Linux installata sulla propria macchina. Le distribuzioni d'installazione sono disponibili in due formati principali, con estensione .rpm per Fedora, Suse, Mandriva e con estensione .deb per Ubuntu, Debian e Linux Mint.

Installazione da codice sorgente

L'installazione di R dal codice sorgente è disponibile per tutte le piattaforme supportate, anche se non è altrettanto agevole da eseguire, rispetto alla distribuzione binaria che abbiamo appena visto. È in particolare davvero ostica su sistema Windows, poiché gli strumenti d'installazione non sono parte del sistema. Informazioni dettagliate sulle procedure d'installazione da codice sorgente, per sistema Windows e gli strumenti necessari sono disponibili sul sito web CRAN.

Sui sistemi Unix-like, il processo, invece, è molto più semplice; l'installazione deve essere compiuta seguendo la solita procedura, che fa uso dei successivi comandi:

```
./configure
make
make install
```

Queste procedure di lavoro, partendo dal presupposto che i

compilatori rilevati e librerie di supporto siano adeguatamente disponibili, portano alla corretta installazione dell'ambiente R sul nostro sistema.

Primi passi con R

Dopo aver passato un po' di tempo a studiare le procedure d'installazione del software, passiamo a qualcosa di più interessante, quantomeno di più pratico. Verificheremo allora la corretta installazione del software.

Per lavorare con R possiamo indifferentemente utilizzare la GUI di R, che rappresenta un'interfaccia grafica che ci consente di utilizzare i menu tipici delle applicazioni windows oppure la Rterm che, invece, rappresenta una finestra di terminale nella quale potremo solo inserire i comandi sottoforma di stringhe di testo.

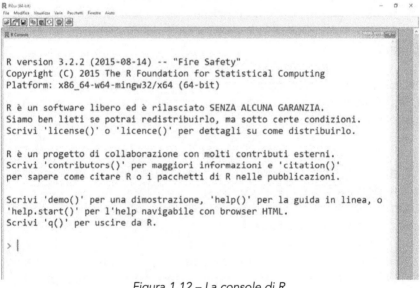

Figura 1.12 – La console di R.

Partiamo dalla GUI di R, che si avvia cliccando sull'icona presente sul desktop. Rappresenta la classica interfaccia grafica con finestre e menu, che rende il lavoro dell'utente più agevole poiché non è richiesto di ricordare a memoria tutti i comandi per la gestione dell'ambiente.

Nella finestra che si apre, è possibile individuare l'area di lavoro che rappresenta l'ambiente in cui opereremo (Figura 1.12); in essa potremo caricare i dati e creare delle variabili. Non appena si chiude R, il programma ci chiederà se si desidera salvare l'area di lavoro sul disco rigido del computer. Tale operazione si rende particolarmente utile nel caso fosse necessario riutilizzare gli oggetti creati, per un lavoro futuro.

Fatto questo, il caricamento di uno spazio di lavoro salvato in precedenza, ci permetterà di trovare di nuovo tutti gli oggetti che avremo creato nella sessione precedente.

La stessa operazione si può eseguire utilizzando i menu della RGUI: per fare questo aprire il menu File => Salva area di lavoro così come mostrato nella Figura 1.13.

Figura 1.13 – Salvataggio dell'area di lavoro.

In alternativa, è anche possibile salvare l'area di lavoro con il comando seguente:

```
> save.image()
```

In questo modo si creerà un file con nome .RData e tale file sarà memorizzato nella directory di lavoro. La directory di lavoro è fondamentalmente la posizione sul computer in cui R è in funzione. Ciò significa che in tale directory, R è in grado di leggere e scrivere file. È possibile identificare la directory di lavoro con l'aiuto del comando getwd().

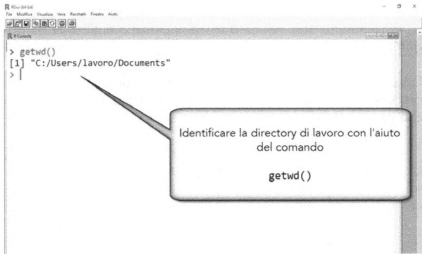

Figura 1.14 – La directory di lavoro.

È possibile impostare una nuova directory di lavoro attraverso l'utilizzo del comando setwd("dir"), dove "dir" è l'indirizzo della directory.

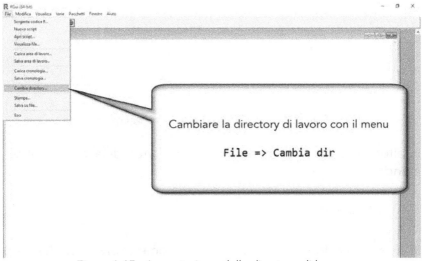

Figura 1.15 – Impostazione della directory di lavoro.

L'utilizzo di tale comando è particolarmente utile quando si utilizza all'interno di uno script, questo perché attraverso l'utilizzo della RGui sarà più facile cambiare la directory di lavoro con la seguente sequenza File => Cambia dir.

Abbiamo già impartito alcuni comandi nella shell di R, probabilmente avremo già notato un paio di cose. R è un linguaggio di programmazione case sensitive, distingue quindi tra lettere maiuscole e minuscole, così i nomi CIAO e ciao rappresentano due identificatori diversi.

La seconda cosa che non ci sarà sfuggita è che la maggior parte dei comandi che abbiamo fin qui utilizzato termina con un paio di parentesi. Le parentesi indicano che ciò che si sta utilizzando non è un oggetto, ma una funzione.

All'interno delle parentesi, è possibile specificare gli argomenti della funzione (un esempio è la funzione setwd("dir") che abbiamo già incontrato in precedenza), mentre se la funzione non ha bisogno di alcun argomento o se s'intendono utilizzare solo i valori di default, non è necessario alcun argomento all'interno delle parentesi.

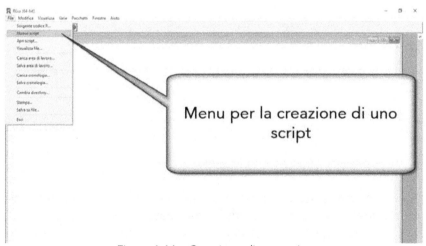

Menu per la creazione di uno script

Figura 1.16 – Creazione di uno script.

Da questi semplici esempi scaturisce una prima considerazione: digitare i comandi direttamente nella shell di R non è davvero la soluzione migliore. Un modo efficace di interagire con la shell è invece tramite script. In questo modo, si può scrivere il codice in una finestra separata e saremo in grado di eseguirlo nella console, cosicché se si avverte l'esigenza di salvare il codice o di eseguirlo più volte non sarà necessario digitare nuovamente il tutto.

Per creare un nuovo script basterà aprire il menu File => Nuovo script. Si aprirà, in questo modo, uno script vuoto, starà a noi adesso popolarlo con codice di sicuro valore. Una volta che avremo inserito alcuni comandi nella finestra dello script, sarà necessario mandarlo in esecuzione nella console. Naturalmente si può fare il copia-incolla, come il solito, ma risulta decisamente più rapido, nonché più professionale, selezionare con il mouse il codice che si intende eseguire e premere i tasti Ctrl + R. In alternativa, si può anche fare clic destro nella finestra e selezionare la voce Esegui linea o selezione (Figura 1.16).

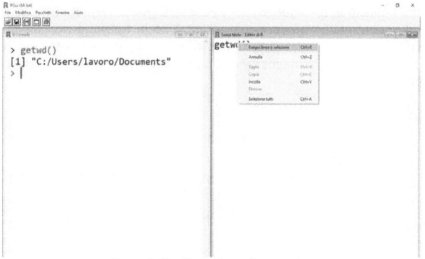

Figura 1.17 – Esecuzione di uno script.

Avevamo anticipato che il codice R poteva essere eseguito anche in una finestra di terminale che ci rendesse disponibile la shell di R. Per fare questo dobbiamo aprire la cartella contenente l'installazione (ad esempio c:\R-3.2.2\bin) e cliccare sul file con la tipica icona di R.

In questo modo si aprirà una finestra di terminale in cui sarà disponibile la shell di R (Figura 1.18). Vediamo come utilizzarla: introduciamo nell'area di lavoro la nostra prima variabile.

```
> x <- 100
```

Analizziamo nel dettaglio la semplice riga di codice che abbiamo appena introdotto: in essa è possibile identificare, a inizio riga, la shell di R rappresentata dal simbolo >, che ci ricorda che la console di R è in attesa di un comando, quindi compare il nome della variabile destinata a contenere dei dati (x). In seguito compare la freccia verso sinistra seguita da un trattino (<-), che rappresenta l'operatore di assegnazione; esso è composto di due caratteri appunto < (minore di) e - (trattino o meno), senza spazi intermedi, e di solito è letto come ottieni. Nel nostro caso attraverso l'operazione di assegnazione, la variabile x assume il valore 100.

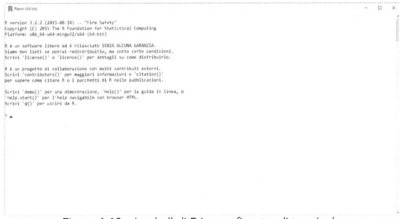

Figura 1.18 – La shell di R in una finestra di terminale.

In modo analogo avremmo potuto utilizzare il carattere uguale (=) quale operatore di assegnazione, al posto della freccia e trattino (<-), ad eccezione del caso che lo stesso sia utilizzato all'interno di una chiamata di una funzione, dove tale simbolo è esclusivamente utilizzato per specificare gli argomenti previsti. Tutto questo poiché, riservare il segno uguale per la specifica di argomenti di una funzione, porta a una più chiara rappresentazione del codice e un più basso rischio di commettere errori; è questo il motivo per cui è consigliato utilizzare la freccia-trattino (<-) per l'operazione di assegnazione, anche se il simbolo uguale (=) è oltremodo consentito.

Dopo aver fatto questo, verifichiamo cosa sia presente nell'area di lavoro della sessione corrente, attraverso il comando ls().

```
> ls()
[1] "x"
>
```

Che ci informa che l'area di lavoro contiene solo la variabile x. Com'è possibile verificare, nuove versioni di R sono rilasciate con una certa frequenza, tutto questo grazie al lavoro della comunità di sviluppo. Per rendere l'ambiente di sviluppo quanto più performante possibile, sarebbe meglio scaricare e installare la versione più recente, in modo da tenere sempre aggiornato il sistema. Come già anticipato al momento della stesura di questo libro, l'ultima versione è la 3.2.2.

Figura 1.19 – La versione di R.

Nel caso in cui si disponesse già di una versione di R installata sul nostro computer, è possibile controllare la sua versione accedendo al menu Aiuto => Informazioni su della Gui di R oppure digitando sulla consolle di R il seguente comando:

```
R.Version ()
```

Questa funzione può essere particolarmente utile nel caso in cui si avesse bisogno di scrivere del codice per estrarre automaticamente il numero di versione dal sistema; ad esempio, per verificare che l'utente non utilizzi una versione di R precedente a quella utilizzata per scrivere il codice.

Una volta installato R sul sistema, potrebbe essere interessante controllare le differenze della versione corrente da quella precedente. Se ciò può essere trascurabile all'inizio del percorso, questo può diventare essenziale, non appena si acquista familiarità con R e dopo aver acquisito le competenze riguardanti il modo di interagire con il sistema.

Inoltre, può diventare importante, se si desidera controllare se un codice scritto in passato è ancora in grado di lavorare correttamente. Di solito i cambiamenti di ogni versione da quella precedente sono indicati come "news". È possibile accedere alle news della versione attuale di R semplicemente chiamando la funzione news() senza alcun argomento.

Figura 1.20 – Un breve estratto delle news.

Editing da linea di comando

Nel momento in cui andiamo a digitare un comando nella console di R, può essere necessario correggere o modificare il comando prima di premere invio e mandarlo, in questo modo, in esecuzione. La console di R, sotto sistema operativo Windows, supporta l'editing da riga di comando, per questo può essere utile ricordare brevemente quali sono le operazioni da fare per essere più veloce nell'impartire i comandi. Vediamo allora una serie d'informazioni in merito:

- è possibile spostare il cursore con la freccia sinistra e destra, e con i tasti Home e Fine;

- il tasto Delete cancella il carattere sotto il cursore;
- Il tasto backspace cancella il carattere a sinistra del cursore;
- il menu modifica di Windows ed i tasti di scelta rapida possono essere impiegati, insieme con il mouse, per tagliare, copiare e incollare il testo.
- selezionando il menu Help console si visualizzeranno questi suggerimenti (Figura 1.20);
- inoltre, R implementa un meccanismo a comando che consente di richiamare e modificare i comandi precedentemente immesse senza doverli digitare nuovamente: utilizzare, a tal proposito, i tasti freccia su e giù per andare indietro e avanti nella cronologia dei comandi. Infine premere il tasto invio, nel modo normale, per selezionare ed eventualmente modificare un comando.

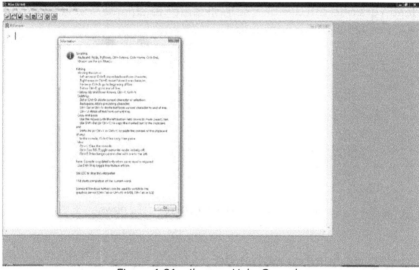

Figura 1.21 – Il menu Help-Console.

Editor per script R

Per programmare con R, potremo utilizzare un editor di testo qualsiasi e una semplice interfaccia a riga di comando. Entrambi questi strumenti sono già presenti su qualsiasi sistema operativo, quindi volendo, potremo ignorare questo passaggio.

Questo perché, quando un programmatore scrive un semplice programma, lo fa utilizzando un text editor semplice, come lo è il notepad di windows, poiché per realizzare dei programmi, i font, i colori e in generale l'aspetto grafico sono ininfluenti, anzi possono rendergli il lavoro più ostico.

È questo il motivo per cui negli ambienti di sviluppo del software non sono utilizzati programmi di videoscrittura complessi, programmi questi che invece sono largamente impiegati dagli scrittori, ma piuttosto degli editor di testo semplici (come notepad in ambiente Windows oppure vi ed emacs in ambiente linux).

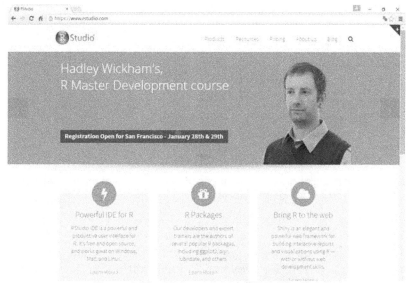

Figura 1.22 – Home page dell'IDE RStudio.

Tali editor, al posto di complicate opzioni per la gestione visuale del testo forniscono funzioni avanzate di trattamento del puro testo, quali ad esempio veloci procedure di spostamento all'interno del testo, ricerche e sostituzioni di parole all'interno del file e di file esterni, riconoscimento di parole chiave del linguaggio di programmazione con la possibilità di evidenziare le stesse colorandole in modo diverso dal resto del testo, ed infine la indentazione del testo.

Alcuni trovano più comodo usare un ambiente di sviluppo integrato (IDE), in questo caso poiché ce ne sono diversi disponibili, sia gratuiti sia a pagamento, ci sarà solo l'imbarazzo della scelta. Nel mio caso preferisco l'ambiente RStudio reperibile al seguente url:

```
http://www.rstudio.com
```

Si tratta di un popolare IDE disponibile sia in versione open-source quindi gratuito, sia in versione commerciale, che funziona sulla maggior parte dei sistemi operativi.

Figura 1.23 – Versioni disponibili di RStudio.

Rstudio è probabilmente l'unico ambiente di sviluppo sviluppato appositamente per R. È disponibile per tutte le principali piatta-forme (Windows, Linux, e Mac OS X) e può essere eseguito su una macchina locale come il nostro computer o anche sul Web utilizzando Rstudio Server. Con Rstudio Server è possibile fornire un'interfaccia basata su browser (la cosiddetta IDE) a una versio-ne R in esecuzione su un server Linux remoto.

Consente di integrare diverse funzionalità che sono veramente utili, soprattutto se si utilizza R per progetti più complessi.

L'ambiente è composto di quattro diverse aree:
1. Scripting area: in quest'area è possibile aprire, creare e scrivere i vostri script.

2. Console area: questa zona è la console R effettiva in cui vengono eseguiti i comandi.

3. Workspace/History area: in quest'area è possibile trovare una lista di tutti gli oggetti creati nello spazio di lavoro in cui si sta lavorando.

4. Visualization area: in quest'area è possibile caricare facilmente i pacchetti e aprire file di aiuto R, ma anche cosa ancora più importante, è possibile visualizzare i grafici.

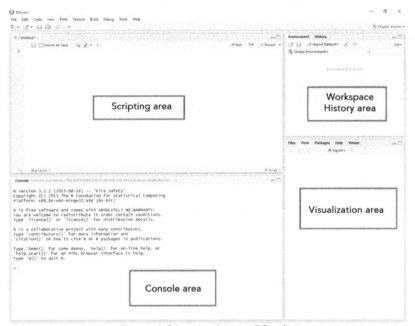

Figura 1.24 – L'ambiente RStudio.

Abbiamo visto che l'ambiente integrato Rstudio ci consente di avviare il calcolo al suo interno, di modo da essere completo; per fare questo però non richiede un grande sforzo in termini di potenza di calcolo da parte della macchina in uso.

Ne deriva che i requisiti hardware richiesti per far funzionare RStudio sono minimi, quindi il numero di core, la velocità dei core e la quantità di ram di cui avremo bisogno, dipenderà esclusivamente dalla mole di lavoro che l'analisi che stiamo eseguendo necessiterà. Ricordiamo a tal proposito che R è a thread singolo, e come tale, non potrà beneficiare di core aggiuntivi salvo che non si abbia familiarità con le varie librerie che ci consentono di parallelizzare il lavoro e sono quindi in grado di sfruttare più core.

Gli utenti alle prime armi nell'analisi dei dati, è improbabile che avvertano l'esigenza di un processore a più core, se non quelli attualmente installati sulle macchine in commercio, e più di 1 gb di ram. Tuttavia, se si ha intenzione di analizzare insiemi di dati di grandi dimensioni (> 1gb), allora la macchina in uso avrà bisogno di una maggiore disponibilità di memoria ram. In generale, la maggior parte delle persone non sfrutta la parallelizzazione in R, e così è conveniente avere un processore con un minor numero di core, che sono più veloci rispetto a quelli a più core.

Figura 1.25 – Requisiti di sistema di RStudio.

Capitolo secondo
Nozioni di base di R

In questo capitolo introdurremo le nozioni di base del linguaggio di scripting R, soffermandoci sulle caratteristiche di riferimento che ci permetteranno di iniziare a scrivere i primi programmi. Vedremo come scrivere correttamente il codice R, quindi analizzeremo gli identificatori, le variabili e le espressioni, per poi passare a trattare i tipi di dati e altri elementi essenziali del linguaggio.

Le basi del linguaggio R

R è contraddistinto da una sintassi semplice, caratteristica questa che lo rende particolarmente indicato nei corsi di programmazione di base; nella snella struttura del linguaggio, che prevede dei particolari delimitatori per alcuni blocchi di programma, è comunque utile, l'indentazione del codice, per la corretta individuazione delle strutture del programma.

Per indentazione del codice s'intende quella tecnica utilizzata nella programmazione attraverso la quale, si evidenziano dei blocchi di programma, con l'inserimento di una certa quantità di spazio vuoto all'inizio di una riga di testo, allo scopo di aumentarne la leggibilità. Così ogni riga è indentata di un certo numero di spazi, che dipende dalla sua posizione all'interno della struttura logica del programma.

Nell'indentazione si utilizzano quindi degli spazi bianchi, che sono ignorati dall'interprete, allo scopo di separare più chiaramente le istruzioni e in modo da rappresentare esplicitamente le relazioni di annidamento. La tecnica consiste nell'anteporre a ogni istruzione una quantità di spazio bianco proporzionale al numero di strutture di controllo o blocchi cui tale istruzione appartiene. Allora nel codice R, anche se alcune strutture (vedi blocchi per cicli d'iterazione) prevedono l'uso di parentesi, utilizzeremo l'indentazione stessa per indicare i blocchi nidificati; a tal proposito si possono usare sia una tabulazione, sia un numero arbitrario di spazi bianchi.

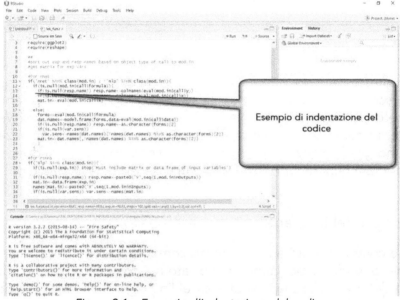

Figura 2.1 – Esempio d'indentazione del codice.

Nell'utilizzo di tale tecnica è necessario ricordare delle semplici raccomandazioni:

- il numero di spazi da utilizzare può essere variabile;
- tutte le istruzioni del blocco di programma devono presentare lo stesso numero di spazi di indentazione.

Per rendere il codice quanto mai chiaro, utilizzeremo la convenzione che prevede l'esclusivo utilizzo di due spazi per individuare un nuovo blocco e di tralasciare l'uso del tasto tab (tabulazione). Una volta delimitato il nuovo blocco di codice, l'ambiente RStudio ci permetterà di conservare in automatico tale indentazione nella riga successiva.

Quando avviene un'interruzione di riga all'interno di un blocco delimitato da parentesi, sarà opportuno allineare la successiva con il primo carattere presente tra le parentesi della riga precedente.

Per meglio comprendere tali regole applichiamole a un semplice esempio; vediamo come indentare correttamente un ciclo condizionale if:

```
if (a>b) {
  print("a è maggiore di b")
}
else {
  print(a è minore o uguale a b")
}
```

Il blocco condizionale appena visto è correttamente indentato.

Gli identificatori R

Per iniziare a introdurre i concetti di base della programmazione con R, analizziamo le regole da seguire per scegliere correttamente i nomi di costanti, variabili, metodi, classi e moduli, che rappresentano gli elementi essenziali con i quali lavoreremo in quest'ambiente.

Un identificatore in R può essere costituito da una combinazione di lettere maiuscole, minuscole, cifre e dai simboli . (punto) e _ (underscore). I caratteri minuscoli corrispondono alle lettere minuscole dell'alfabeto dalla a alla z, mentre i caratteri maiuscoli corrispondono alle lettere maiuscole dell'alfabeto dalla A alla Z e le cifre da 0 al 9. Il numero di caratteri che compongono il nome non è limitato.

Di seguito riporto alcuni suggerimenti riportati nella guida a R fornita da Google, su come denominare in modo corretto gli oggetti:

- Non utilizzare mai i caratteri di sottolineatura (_) o trattino (-), nel definire l'identificatore di un oggetto.
- La forma preferita per i nomi delle variabili è di utilizzare tutte lettere minuscole e le parole devono essere separate da punti (variabile.nome), ma l'identificatore nella forma nomeVariabile è accettato allo stesso modo.
- I nomi delle funzioni hanno la lettera iniziale maiuscola e non deve essere utilizzato alcun punto (FunctionName).
- Le costanti sono identificate allo stesso modo delle funzioni, ma con una k iniziale.

Variabili ed espressioni

Nella maggior parte dei linguaggi di programmazione è necessaria una dichiarazione delle variabili utilizzate all'interno del programma, dichiarazione effettuata nella parte iniziale prima della sezione esecutiva dello stesso. Si parla in tal caso di dichiarazione esplicita delle variabili. In R tutto questo non è richiesto, poiché il linguaggio non richiede la dichiarazione delle variabili; il tipo e la relativa dimensione saranno decisi nel momento in cui le stesse saranno inizializzate.

Con il termine variabile ci si riferisce a un tipo di dato il cui valore è variabile nel corso dell'esecuzione del programma. È però possibile assegnarne un valore iniziale, si parlerà allora d'inizializzazione della variabile. La fase d'inizializzazione, assume un'importanza fondamentale perché rappresenta il momento in cui la variabile è creata, tale momento coincide con quello in cui a essa è associato un dato valore.

A differenza dei linguaggi cosiddetti compilativi tale procedura può essere inserita in qualunque punto dello script, anche se i significati possono assumere valori differenti.

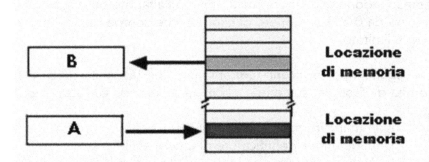

Figura 2.2 – Accesso alle locazioni di memoria.

Nel momento in cui l'interprete s'imbatte in una variabile, deposita il valore relativo in una locazione di memoria e ogni volta che nel programma comparirà una chiamata a tale variabile, si riferirà a tale locazione. È regola di buona programmazione, utilizzare dei nomi che ci permetteranno di riferirci in maniera univoca alle specifiche locazioni di memoria, in cui i relativi dati sono stati depositati.

Il linguaggio R prevede due tipi di variabili:
1) variabili globali;
2) variabili locali;

Come si può intuire, le variabili globali sono accessibili a livello globale all'interno del programma, mentre le variabili locali assumono significato, solo ed esclusivamente nel settore di appartenenza, risultando visibili solo all'interno del metodo in cui sono inizializzate.

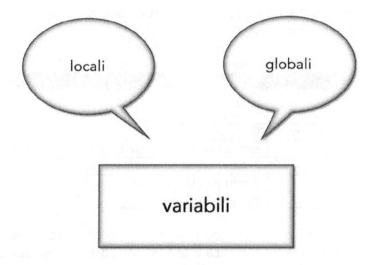

Figura 2.3 – Variabili locali e globali.

È utile a questo punto introdurre il concetto di scope che letteralmente si traduce come campo o ambito di visibilità e definisce appunto la visibilità di un nome all'interno di un blocco di codice definito quale ambiente (environment). Nell'ipotesi in cui una variabile locale sia utilizzata in un blocco, tale blocco rappresenta il suo ambito di visibilità. Se invece la definizione della variabile avviene all'interno di una funzione, allora il suo utilizzo si estende a tutti i blocchi contenuti nella funzione, tranne che nel caso in cui uno dei blocchi contenuti non includa una definizione con lo stesso nome. Lo scope di un nome definito all'interno di un blocco è limitato a tale blocco; non si estende ai blocchi di codice dei suoi metodi.

Per estendere l'ambito della variabile anche all'ambiente genitore basterà utilizzare la seguente notazione:

```
nome.variabile <<- 5
```

In questo modo si assegnerà la variabile all'ambiente globale o si creerà una variabile nel contesto globale anche se essa è stata definita all'interno di una funzione.

Nella Tabella 2.1 riportiamo invece un elenco di esempi di nomi di variabili corretti ed errati.

Tabella 2.1 – Nomi di variabili

Nome	Valutazione
contatore	Corretto
luigi.2003	Corretto
simone.ciaburro	Corretto
_2008	Errato perché contiene il carattere _ all'inizio
luigi+ciaburro	Errato perché contiene il carattere +
while	Errato perché rappresenta una parola riservata

Per la maggior parte dei compilatori, un nome di variabile può contenere fino a trentuno caratteri, in modo da poter adottare per una variabile un nome sufficientemente descrittivo, in R tale limite non è indicato. La scelta del nome assume un'importanza fondamentale al fine di rendere leggibile il codice; questo perché un codice leggibile sarà facilmente mantenibile anche da persone diverse dal programmatore che l'ha creato.

Abbiamo parlato d'inizializzazione della variabile intesa quale operazione di creazione della variabile; vediamone allora un esempio banale:

```
> a <- 1
> a
[1] 1
>
```

In tale istruzione è stato utilizzato l'operatore di assegnazione (<-), con il significato di assegnare appunto alla locazione di memoria individuata dal nome a il valore 1. Il tipo attribuito alla variabile è stabilito in fase d'inizializzazione; sarà allora che si deciderà se assegnare a essa una stringa di testo, un valore booleano (true/false), un numero decimale etc.

L'operazione di assegnazione che abbiamo appena eseguito è del tutto analoga alla seguente:

```
> 1 -> a
> a
[1] 1
>
```

Nel senso che produce lo stesso risultato; appare evidente quindi che l'operatore di assegnazione può essere applicato sia utilizzando il carattere < sia >.

Tipi di dati

Un tipo di dato può essere definito attraverso un nome, che indica l'insieme di valori che una variabile o il risultato di un'espressione, possono assumere e le operazioni che su tali valori si possono compiere.
Affermare ad esempio che la variabile a sia di tipo intero, significa dire che a può assumere come valori solo numeri interi, scelti in un dato intervallo, e che su tali valori sono ammessi solo determinate operazioni (quelle consentite dal tipo).

Tutti i dati memorizzati in un programma R rappresentano degli oggetti; infatti sono oggetti i tipi di dati predefiniti che R propone quali numeri, stringhe, liste e dizionari. Tuttavia, è possibile creare oggetti definiti dall'utente sotto forma di classi.

Ogni oggetto in R ha un'identità, un tipo, che ne rappresenta la classe e un valore. L'identità di un oggetto rappresenta l'indirizzo di memoria nel quale è immagazzinato l'oggetto, ed essa non cambia mai dopo che l'oggetto è stato creato. Ad esempio, quando inizializziamo una variabile, con il valore 33 abbiamo creato un oggetto intero, associando ad esso il valore 33.

In ogni momento sarà possibile avere delle informazioni dettagliate sul tipo attribuito a un oggetto con l'utilizzo della funzione class() e puntando alla sua posizione in memoria attraverso il nome che fa riferimento a questa posizione specifica.
Vediamo un esempio:

```
> vara<-33
> print(vara)
[1] 33
> class(vara)
[1] "numeric"
>
```

Il tipo di un oggetto, noto anche come classe dell'oggetto, descrive la rappresentazione interna dell'oggetto e i metodi e le operazioni che esso supporta.

Nel momento in cui è creato un oggetto di un tipo particolare, l'oggetto è talvolta chiamato un'istanza di tale tipo.

Dopo che è stata creata un'istanza, la sua identità e il tipo non possono essere più cambiati, se non attraverso l'applicazione di una funzione di conversione di tipo oppure attraverso una nuova operazione di assegnazione. Se il valore assunto dall'oggetto può essere modificato, allora l'oggetto è detto variabile. Se invece il suo valore non può essere modificato, allora l'oggetto è detto invariabile.

Un oggetto che contiene riferimenti ad altri oggetti è detto contenitore o collezione.

Detto questo è opportuno precisare che in R i dati possono appartenere a diverse categorie:
- Numeric
- Integer
- Complex
- Logical
- Character

Analizziamole nel dettaglio: in R i valori decimali appartengono alla classe numeric. Tale classe rappresenta il tipo di dati di calcolo di default. Se si assegna un valore decimale a una variabile di nome vara, le sarà attribuito il tipo numeric.

```
> vara = 11.9 # assegnazione di un valore decimale
> vara # stampare il valore di vara
[1] 11.9
> class(vara) # stampa il nome della classe di vara
[1] "numeric"
```

Se si assegna un intero a una variabile varb, tale valore è comunque salvato come un valore numeric.

```
> varb = 1
> varb # stampa il valore di varb
[1] 1
> class (varb) # stampare il nome della classe di varb
[1] "numeric"
```

Il fatto che varb non sia un numero intero può essere confermato utilizzando la funzione is.integer. Vedremo come creare un intero in seguito.

```
> is.integer(varb)     # varb è un intero?
[1] FALSE
```

Per creare una variabile del tipo intero in ambiente R, sarà necessario invocare la funzione as.integer. Possiamo essere certi che varc sia davvero un intero applicando, ancora una volta, la funzione is.integer.

```
> varc = as.integer (20)
> varc # stampare il valore di varc
[1] 20
> class(varc) # stampare il nome della classe di varc
[1] "integer"
> is.integer(varc) # varc è un intero?
[1] TRUE
```

È possibile trasformare un valore numerico in un intero con la stessa funzione as.integer.

```
> vara =3.14
```

```
> vara
[1] 3.14
> class(vara)
[1] "numeric"
> varb=as.integer (vara)
> class(varb)
[1] "integer"
> varb
[1] 3
```

In questo semplice esempio abbiamo definito una variabile vara come tipo numeric e cioè come un numero a virgola mobile e poi ne abbiamo cambiato il tipo nell'operazione di assegnazione alla variabile varb. È importante sottolineare come nella conversione del tipo la funzione int abbia effettuato un troncamento all'intero più piccolo.

La trasformazione avviene in modo analogo anche nel caso in cui la funzione sia applicata ad una stringa contenente valori decimali.

```
> as.integer ("5.27")
[1] 5
```

Cosa analoga invece non accade nel caso si cerchi di trasformare una stringa non decimale.

```
> as.integer ("Giuseppe")
[[1] NA
Warning message:
NAs introduced by coercion
```

Spesso, accade di dover compiere dei calcoli utilizzando valori logici. Allo stesso modo del linguaggio C, anche in R TRUE assume il valore 1 mentre FALSE assume valore 0.

```
> as.integer (TRUE)
[1] 1
> as.integer (FALSE)
[1] 0
```

Il tipo complex è destinato a rappresentare i numeri complessi con una coppia di numeri in doppia precisione. La parte reale e la parte immaginaria del numero complesso zeta, possono essere richiamati attraverso le seguenti funzioni: Re(zeta) e Im(zeta).

```
> zeta = 1 + 2i
> z
[1] 1+2i
> class(zeta)
[1] "complex"

> Re(zeta)
[1] 1
> class(Re(zeta))
[1] "numeric"

> Im(zeta)
[1] 2
> class(Im(zeta))
[1] "numeric"
```

Vediamo cosa succede se eseguiamo la radice quadrata di un numero negativo: come sappiamo, si produce un errore.

```
> sqrt(-5)
[1] NaN
Warning message:
In sqrt(-5) : NaNs produced
```

Vediamo cosa accade se utilizziamo invece un valore complesso:

```
> sqrt(-5+0i)
[1] 0+2.236068i
```

Per evitare l'errore commesso in precedenza, possiamo preventivamente trasformare il numero negativo in complesso e quindi eseguire la radice quadrata.

```
> sqrt(as.complex(-5))
[1] +2.236068i
```

Per ottenere le componenti reali e immaginarie, del numero complesso, utilizzeremo le funzioni Re() e Im().

```
>a <- sqrt(-5+0i)
> Re(a)
[1] 0
```

```
> Im(a)
[1] 2.236068
```

Variabili di tipo logico possono essere create attraverso il confronto tra due variabili. Vediamo come nell'esempio che segue:

```
> x = 1; y = 2
> z = x > y
> z
[1] FALSE
> class(z)
[1] "logical"
```

Un oggetto del tipo character è utilizzato per rappresentare le stringhe di caratteri. È possibile convertire qualsiasi valore in un oggetto del tipo character attraverso l'utilizzo della funzione as.character():

```
> a = as.character(5.25)
> a
[1] "5.25"
> class(a)
[1] "character"
```

Per concatenare due variabili del tipo character è possibile adoperare la funzione paste.

```
> nome = "Giuseppe"; cognome =" Ciaburro"
> paste(nome, cognome)
[1] "Giuseppe Ciaburro "
```

Per estrarre una sottostringa, applichiamo la funzione substr. Ecco un esempio che mostra come estrarre la sottostringa tra la terza e la dodicesima posizione in una stringa.

```
> substr("Giuseppe è l'autore del libro.", start=3, stop=12)
[1] "useppe è l"
```

E per sostituire la prima occorrenza della parola "Giuseppe" con un'altra parola ("Luigi"), nella stringa in esame, si applica la funzione sub().

```
> sub("Giuseppe", "Luigi", "Ciaburro Giuseppe.")
[1] "Ciaburro Luigi."
```

Gli operatori

Il linguaggio di scripting R supporta una vasta gamma di operatori, come del resto ci si aspetta da un linguaggio moderno e flessibile. Tuttavia, in sintonia con la filosofia R decisamente object-oriented, la maggior parte degli operatori rappresentano, in effetti, delle chiamate ad altrettanti metodi. Tale flessibilità ci consente di modificare la semantica di questi ultimi in modo da permettere di creare nuovi operatori all'occorrenza.

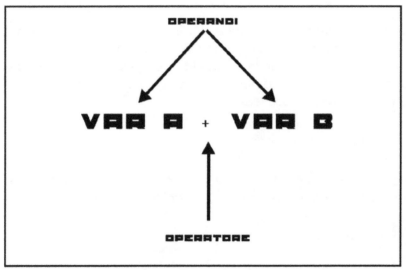

Figura 2.4 – Operandi e operatori.

Analizziamo l'istruzione rappresentata nella figura 2.4, in essa l'operatore + è considerato un metodo applicato alla variabile identificata dal nome vara, mentre la variabile varb è considerata un parametro e passata dal metodo.

Operatori aritmetici

Passiamo allora ad analizzare gli operatori aritmetici ammessi da R; iniziamo con il considerare l'operatore di assegnazione che è rappresentato dal simbolo (<-). È opportuno ricordare che il suo utilizzo nella programmazione è diverso dal suo uso consueto in matematica, così se scriviamo:

```
a <- b
```

vogliamo indicare "assegna il valore di b alla variabile a". Allora in un'istruzione di assegnazione, la parte a destra dell'operatore può essere una qualsiasi espressione, mentre la parte a sinistra deve essere necessariamente il nome di una variabile. Per tale motivo scriveremo:

```
variabile <- espressione
```

Cosicché durante l'esecuzione dell'istruzione è valutata l'espressione e il risultato è assegnato alla variabile. Il tipo del dato rappresentato dalla variabile è stabilito nella fase d'inizializzazione, ne consegue che per definire una variabile che memorizzi numeri decimali, dovremo scrivere:

```
a <- 1.0
```

Ricordiamo a tal proposito che l'operazione di assegnazione può essere eseguita anche con l'utilizzo dell'operatore =.

```
a = 1.0
```

Per eseguire delle semplici operazioni aritmetiche, R utilizza gli operatori matematici, a tal proposito ne ha cinque del tipo binario che operano cioè su due operandi. Tali operatori sono elencati nella tabella 2.2.
Sui primi cinque operatori riportati nella tabella 2.2 non c'è nulla da aggiungere, per quanto riguarda il modulo solo una precisazione: il modulo fornisce il resto della divisione del primo operando per il secondo.

Ad esempio se analizziamo le seguenti divisioni, allora:
- 90 / 8 fornisce come modulo 2

- 8 / 4 fornisce come modulo 0

Tabella 2.2 – Lista di operatori aritmetici binari

Simbolo	Operatore	Descrizione
+	Addizione	Somma due operandi
-	Sottrazione	Sottrae il secondo operando dal primo
*	Moltiplicazione	Moltiplica due operandi
/	Divisione	Divide il primo operando per il secondo
**	Potenza	Eleva alla potenza indicata dopo l'operatore
%%	Modulo	Fornisce il resto della divisione del primo operando per il secondo

Passiamo ora a vedere con quale ordine sono eseguite le operazioni nelle espressioni che contengono più di un operatore. Ad esempio, nell'espressione seguente è eseguita prima l'addizione o la moltiplicazione?

```
> a <- 2 + 3 * 4
```

Se si esegue prima la somma otteniamo:

```
a <- 5 * 4
```

che fornisce come risultato 20, mentre se si esegue prima la moltiplicazione, si ottiene il calcolo seguente:

```
a <- 2 + 12
```

In questo modo alla variabile a è assegnato il valore 14. Se ne deduce che per evitare inconvenienti è necessario stabilire delle regole che vincolino l'ordine di esecuzione delle operazioni. In R tale ordine, è detta precedenza degli operatori, ed è definito in modo estremamente esauriente.

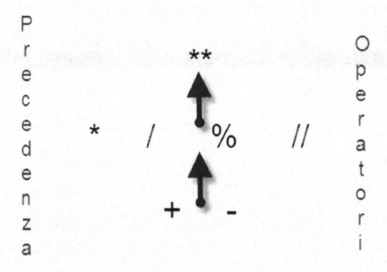

Figura 2.5 – Precedenza degli operatori aritmetici.

Accade così che ogni operatore assume un proprio valore di precedenza, in modo tale che nel momento in cui è calcolata un'espressione, siano eseguite dapprima le operazioni che presentano un operatore con la maggiore precedenza sugli altri.

Per quanto riguarda gli operatori aritmetici è presto detto poiché conservano le regole proprie dell'aritmetica, quindi sono eseguite prima le moltiplicazioni e divisioni, dopodiché si passa alle addizioni e sottrazioni. Per quanto riguarda operatori che presentano lo stesso ordine di precedenza, si segue l'espressione da sinistra verso destra. Analizziamo allora l'espressione che segue:

```
>>> a <- 10 %% 2 * 3
>>> print(a)
0
```

Gli operatori %% e * assumono lo stesso valore di precedenza, ma essendo %% quello più a sinistra è eseguito per primo. Nel caso, invece, si volesse applicare una precedenza diversa, si potrebbero utilizzare le parentesi; infatti, come peraltro previsto dall'aritmetica, qualsiasi espressione contenuta fra parentesi deve essere calcolata per prima.

```
>>> a <- 10 %% (2 * 3)
>>> print(a)
4
```

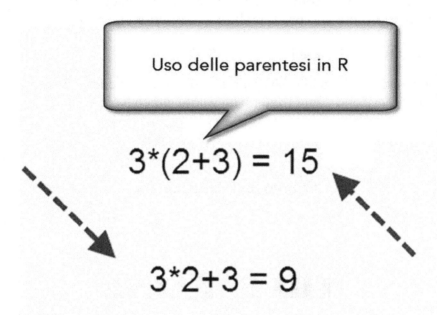

Figura 2.6 – utilizzo delle parentesi in R.

Passiamo ora ad analizzare l'esempio seguente:

```
expr <- 1 + 3 * 4
```

Esso fornisce come risultato 13; se avessimo voluto prima eseguire l'addizione avremmo dovuto scrivere:

```
expr <- (1 + 3) * 4
```

che fornisce come risultato 16. Nel caso in cui le parentesi siano racchiuse in altre parentesi, la regola vuole che sia valutata per prima la parentesi più interna ed a seguire le altre.

È quindi consigliabile utilizzare le parentesi non solo per imporre delle precedenze nei calcoli, ma anche per raggruppare dei termini e quindi fornire una maggiore leggibilità al codice.

Contestualmente è opportuno precisare l'importanza del bilanciamento delle parentesi, nel senso che una volta aperte, le parentesi vanno necessariamente chiuse; anche se può sembrare una precisazione scontata, la mancanza di una chiusura di parentesi rappresenta uno dei più diffusi errori di programmazione.

Operatori relazionali

Gli operatori relazionali lavorano su operandi numerici e di caratteri e forniscono come risultato un valore logico (vero o falso).

Figura 2.7 – Operatori relazionali.

In un'espressione logica in cui compare un operatore relazionale, gli operatori coinvolti sono confrontati e dalla relazione tra di essi scaturisce il risultato.

Gli operatori relazionali previsti da R sono elencati nella tabella 2.3.

Allora una tipica espressione logica che presenta un operatore relazionale assumerà la forma seguente:

```
var1 > var2
```

```
var1 < var2
```

Se la relazione imposta dall'operatore su var1 e var2 è vera, allora il risultato sarà TRUE altrimenti sarà FALSE.

Tabella 2.3 – Operatori relazionali

Operatore	Tipo di Operazione
==	Uguale
!=	Non uguale
<	Minore
<=	Minore o uguale
>	Maggiore
>=	Maggiore o uguale

Come riportato nella Tabella 2.3, l'operatore relazionale di uguaglianza è rappresentato dal simbolo == (due segni di uguale); a differenza del simbolo = (un solo segno di uguale) che invece è adoperato per l'istruzione di assegnazione.

Spesso, infatti, si commette l'errore di utilizzare il simbolo = per indicare l'operatore relazionale di uguaglianza.

Operatori logici

Gli operatori logici combinatori sono operatori con uno o due operandi logici che forniscono un risultato di tipo logico. Gli operatori logici sono riportati nella tabella 2.4.

Tabella 2.4 – Operatori logici

Operatore	Tipo di Operazione
!	Negazione logica
&	Congiunzione logica
		Disgiunzione logica inclusiva
xor	Disgiunzione logica esclusiva

Se la relazione espressa dall'operatore è vera, l'operatore fornisce come risultato .TRUE. altrimenti .FALSE. Nella gerarchia delle precedenze, gli operatori logici, vengono per ultimi.

Abbiamo detto che gli operatori logici si applicano a operandi di tipo logico, allora vediamo di capire in base al valore assunto dagli operandi quale sia il risultato dell'espressione.

Siano A e B due variabili di tipo logico, applichiamo a esse gli operatori logici:

- ! A - il risultato è .true. se A è .false. altrimenti è .false.
- A & B - il risultato è .true. se A e B sono entrambi pari a .true. altrimenti è .false.
- A | B - il risultato è .true. se almeno uno tra i valori di A o B assume il valore .true. altrimenti è .false.
- Xor (A, B) - il risultato è .true. se solo uno tra i valori di A o B assume il valore .true. altrimenti è .false.

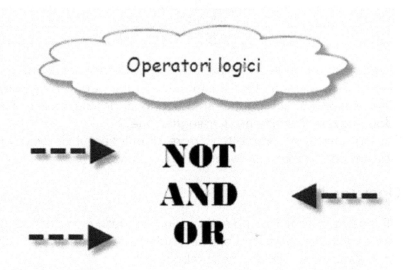

Figura 2.8 – Operatori logici.

Vediamo allora degli esempi esemplificativi:

```
> a<-5<3
> print(a)
False
> ! a
True
```

In questo caso il confronto fornisce un risultato false e la negazione ne cambia il contenuto. Passiamo ad analizzare l'operatore and:

```
> A<-5>3
> B<-10<20
> A & B
True
```

Entrambe le variabili assumono valore true e quindi il risultato è true. Infine passiamo all'operatore or:

```
> A<-5>3
> B<-10>20
> A | B
True
```

In questo ultimo esempio una delle due variabili assume valore true e quindi il risultato è true.

Commenti

Al fine di rendere leggibile il codice, sarà possibile inserire delle righe di commento, che precedute dal simbolo # (hash), non saranno considerate dall'interprete R, ma serviranno esclusivamente a spiegare lo scopo dell'istruzione.

Figura 2.9 – Commenti.

Esempi dell'utilizzo di tale procedura sono riportati di seguito:

```
# Questo è un commento
nome <- 'Luigi'   # Questo è un commento
```

Negli esempi precedenti, abbiamo verificato che un commento può essere inserito anche nella stessa riga contenente del codice.

Vediamo ora invece come procedere nel caso si volessero inserire dei commenti su più righe; in tal caso si può utilizzare ancora il simbolo #:

```
# Primo commento
# Secondo commento
# Terzo commento
```

Tutto quello che compare dopo il simbolo # e fino alla fine della riga è trascurato nell'esecuzione del programma. Il commento allora è esclusivamente utilizzato dal programmatore per rendere più leggibile il codice e quindi migliorare la sua usabilità.

Numeri

Ogni numero in R rappresenta un oggetto, o più precisamente un'istanza di una delle classi numeriche di R ed allora essi ne rappresentano l'elemento essenziale, l'ambiente ideale in cui si muove il programmatore. A tal proposito è necessario apprendere come il linguaggio li rappresenti e quali siano i tipi di dati deputati a contenere tali informazioni. R prevede quattro tipi numerici:

1) integer   - Numero Intero
2) numeric   - Numero a virgola mobile
3) complex   - Numero complesso
4) logical   - Valore logico

Ad eccezione del tipo logical, tutti gli oggetti numerici sono dotati di un segno; inoltre tutti i tipi numerici sono immutabili.
Il tipo integer è destinato a rappresentare i numeri interi in un range che va da -2147483648 a 2147483647 (tale intervallo di valori può essere più largo su macchine di livello superiore a quello dei comuni calcolatori).

Il tipo numeric è destinato a rappresentare i numeri in doppia precisione con approssimativamente diciassette cifre di precisione ed un esponente che va in un range da −308 a 308. Tale tipo è simile al tipo double che troviamo nel linguaggio C.

Il tipo complex è destinato a rappresentare i numeri complessi con una coppia di numeri in doppia precisione. La parte reale e la parte immaginaria del numero complesso zeta possono essere richiamati attraverso le seguenti proprietà: Re(zeta) e Im(zeta).

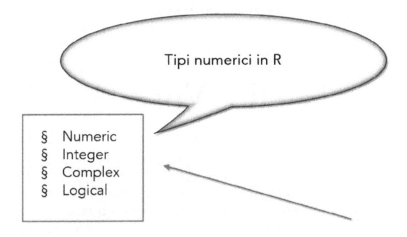

Figura 2.10 – Tipi numerici.

Come già indicato il tipo logical ha due soli valori: true e false. Tali valori sono rispettivamente associati al valore numerico 1 e 0.
I tipi numerici in R hanno una serie di proprietà e metodi pensati con l'intenzione di semplificare le operazioni più comunemente applicate in aritmetica.

Stringhe

In informatica una stringa è rappresentata da una sequenza di caratteri, composta di byte, poiché R tratta le stringhe con codifica ASCII e costituisce un potente e avanzato strumento per la gestione del testo. Le stringhe, come già anticipato, sono rappresentate attraverso delle sequenze di caratteri racchiusi tra virgolette (") o tra singoli apici (').

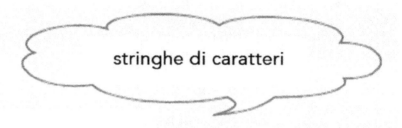

tipo: character

"Hello World!"

Figura 2.11 – Liste di caratteri.

Le stringhe quindi possono contenere lettere dell'alfabeto, segni di punteggiatura, simboli, spazi e talvolta possono essere prive di caratteri, nel qual caso si tratterà di stringhe vuote cosiddette empty string.

Nell'utilizzo di R, non ci dobbiamo preoccupare dello spazio occupato da una stringa, perché è lasciata assoluta libertà poiché siamo esonerati da tutto quello che riguarda la gestione della memoria. Le stringhe sono degli oggetti del tipo character che sono rappresentati come una sequenza di caratteri.

Vediamo subito un esempio, analizzando il diffusissimo saluto dei programmatori:

```
> stringa <- "Hello World!"
> stringa
[1] 'Hello World!'
> print(stringa)
[1] Hello World!
```

In questo semplice esempio possiamo notare la differenza che esiste tra richiamare la singola variabile e stamparne il contenuto a video.

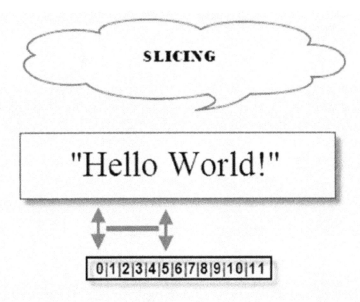

Figura 2.12 – Estrazione di una sottostringa.

Quando richiamiamo il valore di un'espressione, è utilizzato lo stesso formato che si usa per inserirla: nel caso delle stringhe questo significa che sono incluse le virgolette di delimitazione.

Mentre nell'utilizzo dell'istruzione print() è stampato il valore dell'espressione, che nel caso delle stringhe corrisponde al loro contenuto. Le virgolette sono quindi rimosse.

In alcuni casi sarà necessario conoscere la lunghezza di una stringa al fine di poter estrarre alcuni suoi elementi, a tal proposito ci aiuta la funzione nchar() che ci fornisce il numero di caratteri di una stringa:

```
> Spezie <- "peperoncino"
> nchar(Spezie)
[1] 11
```

Dopo aver introdotto la stringa, vediamo come gestire l'accesso ai singoli caratteri delle stringhe, che avviene attraverso la funzione substr(), dimostrandosi un efficace mezzo per la manipolazione di porzioni di stringhe. Sarà allora possibile accedere a qualsiasi carattere di una stringa indicandone semplicemente l'indice:

```
>stringa <- "Hello World!"
> substr(stringa,1,1)
[1] "H"
```

È restituito, in questo modo, il carattere che occupa la prima posizione (valore 1), che nel nostro caso corrisponde al carattere "H". È altresì possibile accedere a particolari sottostringhe; in questo caso basterà indicare l'intervallo dei caratteri da estrapolare, attraverso l'indicazione della prima e dell'ultima posizione separate dalla virgola.

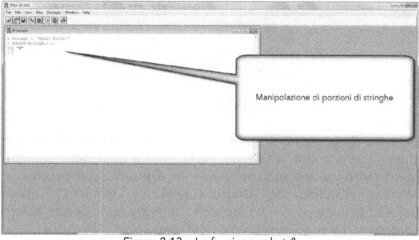

Figura 2.13 – La funzione substr().

Tale tecnica va sotto il nome di "slicing" e permette di tagliare una parte della lista di caratteri indicando l'indice iniziale che sarà incluso nella sottostringa e l'indice finale che allo stesso modo sarà incluso nella sottostringa.

Ad esempio per estrarre dalla stringa indicata nell'esempio precedente la prima parola, cioè "Hello" si dovranno specificare le posizioni 1 e 6 separate dalla virgola:

```
>substr(stringa,1,6)
> [1] "Hello"
```

Nel caso si volesse estrarre una porzione della stringa da un punto e fino alla fine della stringa, utilizzeremo la funzione substring():

```
> substring(stringa,3)
[1] "llo World!"
```

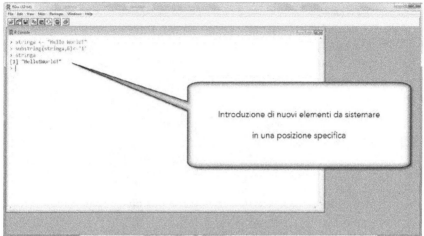

Figura 2.14 – La funzione substring().

Le due funzioni che abbiamo appena visto, mi riferisco alle funzioni substr() e substring(), ci consentono di modificare la stringa che abbiamo definito, attraverso l'introduzione di nuovi elementi da sistemare in una posizione specifica che occupano lo spazio e si sostituiscono ai caratteri originari.

Vediamo come fare in un semplice esempio:

```
> stringa <- "Hello World!"
> substring(stringa,6)<-'1'
> stringa
[1] "Hello1World!"
```

Abbiamo in questo modo sostituito lo spazio presente tra le due parole con il carattere 1. Per aggiungere del testo a una stringa esistente, potremo utilizzare la funzione paste(); accade così che attraverso la seguente riga di codice, potremo aggiungere del testo alla stringa già creata in precedenza:

```
> paste(stringa," by Giuseppe")
> stringa
[1] "Hello World! by Giuseppe"
```

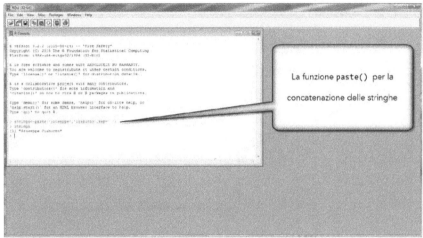

Figura 2.15 – La funzione paste().

La funzione paste() concatena le stringhe che gli forniamo, ed attraverso l'impostazione del parametro sep ci fornisce anche la possibilità di inserire un carattere di separazione tra le due stringhe. Vediamo il suo utilizzo in un esempio:

```
> stringa<-paste('Giuseppe','Ciaburro',sep=' ')
> stringa
[1] "Giuseppe Ciaburro"
```

Capitolo terzo
Gli oggetti di R

Un oggetto può essere definito in diversi modi, possiamo certamente dire che rappresenta un'istanza di una classe, così come lo possiamo individuare attraverso la regione di memoria che risulta allocata e quindi associata ad esso. Poiché i linguaggi di programmazione utilizzano variabili per accedere agli oggetti, il termine oggetto e variabile sono spesso usati in alternativa: quando si crea una variabile di una classe, la variabile si chiama oggetto.

R non fornisce l'accesso diretto alla memoria del computer, ma fornisce un numero di strutture di dati specializzate cui si farà riferimento come oggetti. Questi oggetti sono denominati per mezzo di simboli o variabili.

Vettori

Un vettore può essere definito come una sorta di contenitore suddiviso in tanti scomparti; tali scomparti sono detti celle del vettore stesso. Ciascuna cella rappresenta una variabile tradizionale ed assume il ruolo di elemento del vettore; le celle sono tutte variabili appartenenti ad uno stesso tipo. Avremo quindi vettori di interi, vettori di stringhe, etc.

Ciascuna delle celle del vettore è identificata da un valore di indice. L'indice è generalmente numerico e i valori che gli indici possono assumere sono numeri interi contigui che partono da 1; in questo modo risulterà particolarmente semplice fare riferimento ad una specifica cella del vettore attraverso l'utilizzo del valore assunto dal suo indice. Si potrà allora identificare in maniera univoca il contenuto della cella di indice 1, di indice 2, e più in generale, di indice N, dove N è un intero compreso fra 1 e il valore massimo per gli indici del vettore. La sua principale caratteristica è che può essere indirizzato tramite un indice intero e scorso sequenzialmente in entrambe le direzioni tramite un ciclo iterativo in tutti i suoi elementi o a partire da alcuni di essi oltre a poter accedere singolarmente ad una sua generica posizione.

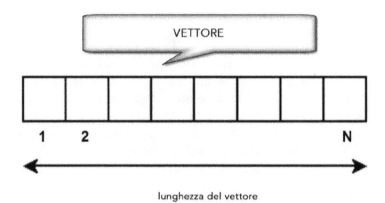

lunghezza del vettore

Figura 3.1 – Rappresentazione grafica di un vettore.

L'oggetto base in ambiente R è rappresentato dal vettore; in realtà anche gli scalari rappresentano dei vettori di lunghezza unitaria. Come già anticipato i vettori rappresentano una serie di dati, tutti appartenenti alla stessa classe. In R è possibile individuare sei tipi di vettori di base (chiamati vettori atomici):

1. logical,
2. integer,
3. real,
4. complex,
5. string (oppure character),
6. raw.

I vettori del tipo integer e real rappresentano degli oggetti numerici. I vettori logical contengono dati booleani con elementi che possono assumere sono due valori TRUE e FALSE. Tra tali vettori atomici, quelli più comuni sono quelli di tipo logical, string e i vettori numerici, sia integer che real.

L'ambiente R prevede diversi modi per creare vettori: li vedremo nel dettaglio attraverso l'analisi di esempi specifici.

L'operatore : (due punti) consente la generazione sequenziale di un vettore infatti crea sequenze di elementi incrementando o decrementandone il valore attuale di una singola unità. Di seguito sono riportati alcuni esempi:

```
> 1:20
 [1]  1  2  3  4  5  6  7  8  9 10 11 12 13 14 15 16 17 18 19 20
> 7:-7
 [1]  7  6  5  4  3  2  1  0 -1 -2 -3 -4 -5 -6 -7
>
```

Figura 3.2 – La funzione seq().

Se l'intervallo tra i numeri non deve essere unitario, allora utilizzeremo la funzione seq(). I suoi argomenti sono il valore iniziale della serie, quella finale, e l'incremento. È inoltre possibile generare una sequenza decrescente se l'incremento è negativo. Se l'incremento non corrisponde esattamente al valore finale che abbiamo fornito, la sequenza si fermerà in corrispondenza del numero immediatamente prima del valore finale. Analizziamo allora alcuni esempi riportati di seguito:

```
> seq(from=0, to=10, by=2)
[1]  0  2  4  6  8 10
> seq(from=0, to=5, by=0.5)
 [1] 0.0 0.5 1.0 1.5 2.0 2.5 3.0 3.5 4.0 4.5 5.0
> seq(from=0, to=-5, by=-0.5)
 [1]  0.0 -0.5 -1.0 -1.5 -2.0 -2.5 -3.0 -3.5 -4.0 -4.5 -5.0
> seq(from=0, to=5, by=0.7)
[1] 0.0 0.7 1.4 2.1 2.8 3.5 4.2 4.9
```

```
>
```

Se gli elementi del vettore non seguono una serie specifica, o se non sono dati numerici, in alternativa è possibile utilizzare la funzione di concatenazione c(). Per utilizzare tale funzione, sarà sufficiente elencare i valori del nostro vettore separati da una virgola.

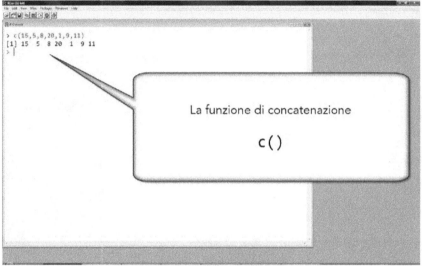

Figura 3.3 – La funzione c().

Ecco alcuni esempi di vettori di tipo numerico, logico, e carattere. Ricordiamo a tal proposito che in R, le stringhe di caratteri sono definite attraverso l'impiego delle virgolette doppie.

```
> vettore<-c(15,5,8,20,1,9,11)
> vettore
[1] 15  5  8 20  1  9 11
> vettore<-c(FALSE,TRUE,TRUE,FALSE)
> vettore
[1] FALSE  TRUE  TRUE FALSE
> vettore<-c("Giuseppe","Ciaburro")
> vettore
[1] "Giuseppe" "Ciaburro"
>
```

Un'altra possibilità per la creazione di vettori è rappresentata dalla funzione rep(). Tale funzione ripeterà uno specifico valore (o un vettore) n volte. Il vettore da ripetere e il numero di ripetizioni sono argomenti della funzione, e sono forniti a essa nel seguente ordine:

```
> rep(x=12, times=6)
[1] 12 12 12 12 12 12
> vettore<-c(9,5,1)
> rep(vettore,times=5)
 [1] 9 5 1 9 5 1 9 5 1 9 5 1 9 5 1
> rep(x=vettore, times=3, each=2)
 [1] 9 9 5 5 1 1 9 9 5 5 1 1 9 9 5 5 1 1
>
```

Possiamo notare che nel primo caso abbiamo specificato l'unico elemento del vettore (x=12) e lo abbiamo ripetuto per sei volte (times=3); nel secondo caso abbiamo definito dapprima un vettore di tre elementi ed in seguito lo abbiamo ripetuto per 5 volte (times=5). Infine abbiamo ripetuto lo stesso vettore (x=vettore) per 3 volte (times=3), in questo caso però per ogni ripetizione ogni elemento del vettore è stato ulteriormente ripetuto per 2 volte (each=2).

Figura 3.4 – Utilizzo di un vettore quale argomento di una funzione.

Una delle caratteristiche più importanti di R è la possibilità di utilizzare un intero vettore come argomento di una funzione, evitando così l'uso di strutture cicliche. Vediamo un esempio utilizzando tre funzioni che calcolano il massimo, il minimo e la media degli elementi di un vettore.

```
> vettore<-c(15,5,8,20,1,9,11)
> max(vettore)
[1] 20
> min(vettore)
[1] 1
> mean(vettore)
[1] 9.857143
>
```

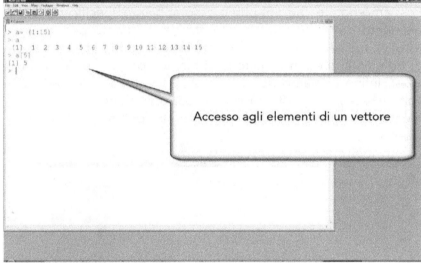

Figura 3.5 – Accesso agli elementi di un vettore.

Passiamo allora all'indicizzazione dei vettori o meglio come dobbiamo operare in ambiente R per accedere ai singoli elementi di un vettore. Creiamo dapprima un vettore e vediamo come richiamare dei singoli elementi o gruppi di essi:

```
> a= (1:15)
> a
[1]  1  2  3  4  5  6  7  8  9 10 11 12 13 14 15
```

Accediamo al primo elemento del vettore, ricordando a tal proposito che R numera gli elementi di un vettore dall'elemento che occupa la prima posizione:

```
> a[1]
[1]  1
```

quindi per accedere al quarto elemento del vettore scriveremo:

```
> a[4]
[1]  4
```

Per estrarre invece un gruppo di elementi attraverso l'indicazione di un intervallo, utilizzeremo l'operatore due punti (:).

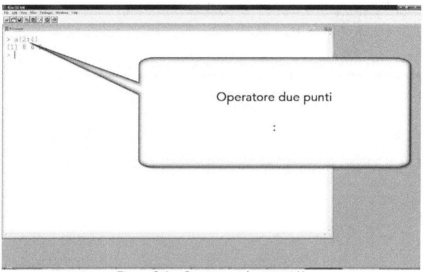

Figura 3.6 – Operatore due punti (:).

Per estrarre gli elementi che vanno dal secondo (elemento che occupa la posizione 2), al quarto (elemento che occupa la posizione 4), scriveremo:

```
> a[2:4]
[1] 2 3 4
>
```

Mentre per estrarre gli elementi che vanno dal secondo (elemento che occupa la posizione 2 nell'array), al decimo (elemento che occupa la posizione 10) scriveremo:

```
> a[2:10]
[1]  2  3  4  5  6  7  8  9 10
>
```

Infine per eliminare dalla selezione degli elementi s'inserirà il simbolo – (meno), prima dell'indicazione dell'elemento o dell'intervallo di elementi:

```
> a<-(1:15)
> a
 [1]  1  2  3  4  5  6  7  8  9 10 11 12 13 14 15
> a[-3]
 [1]  1  2  4  5  6  7  8  9 10 11 12 13 14 15
> a[-(1:5)]
 [1]  6  7  8  9 10 11 12 13 14 15
>
```

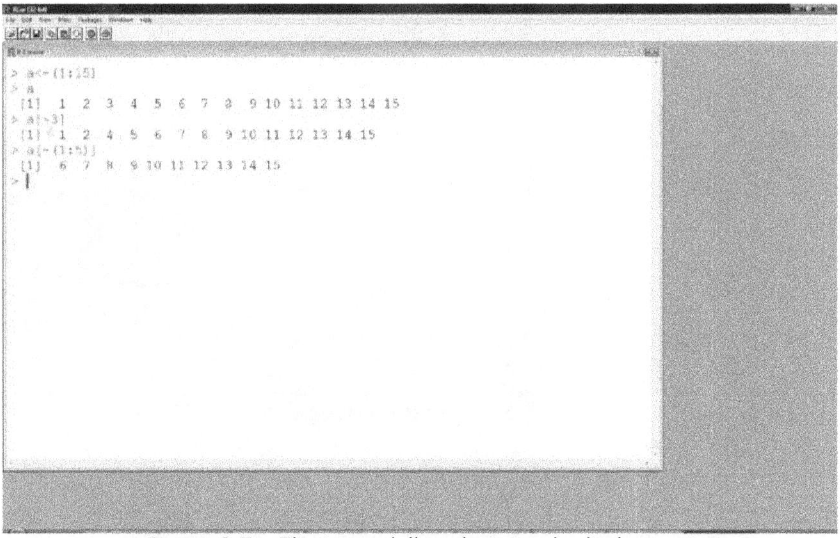

Figura 3.7 – Eliminare dalla selezione degli elementi.

È possibile ottenere la lunghezza di un vettore utilizzando la funzione length(); applichiamo tale funzione al vettore che abbiamo definito nell'esempio precedente:

```
> length(a)
[1] 15
>
```

I vettori in R sono memorizzati in modo contiguo, e quindi non è possibile inserire o eliminare degli elementi in modo analogo a quanto è consentito fare in altri ambienti. La dimensione di un vettore è determinata al momento della creazione, quindi se si desidera aggiungere o eliminare un elemento, sarà necessario riassegnare il vettore. Per esempio, aggiungiamo un elemento al centro di un vettore contenente quattro elementi:

```
> a<-c(10,8,8,10)
> a
[1] 10  8  8 10
> c(a[1:2],6,a[3:4])
[1] 10  8  6  8 10
> a<-c(a[1:2],6,a[3:4])
> a
[1] 10  8  6  8 10
>
```

In quest'esempio, abbiamo creato un vettore di quattro elementi e lo abbiamo assegnato ad a. Per inserire il nuovo elemento (6), tra il secondo e il terzo elemento, abbiamo creato un nuovo vettore inserendo i primi due elementi del vecchio vettore a, quindi abbiamo inserito il nuovo elemento e infine abbiamo accodato gli ultimi due elementi. In questo modo si crea un nuovo vettore con cinque elementi, lasciando per il momento a intatto. Abbiamo quindi assegnato questo nuovo vettore ad a. A prima vista ci sembra di aver effettivamente cambiato il vettore memorizzato in a, ma in realtà abbiamo creato un nuovo vettore e memorizzato quel vettore in a. Questa differenza può sembrare sottile, ma ha notevoli implicazioni.

Come già anticipato i vettori possono contenere valori non numerici. Ad esempio,

```
> nomi<-c("Giuseppe","Tiziana","Luigi","Simone")
> nomi
[1] "Giuseppe" "Tiziana"  "Luigi"    "Simone"
>
```

Si tratta, in questo caso, di un vettore del tipo character i cui elementi sono appunto stringhe di caratteri. Ci sono funzioni in R in grado di lavorare con dati di tipo character. Ad esempio, per trasformare questo vettore in un'unica stringa di caratteri utilizzeremo la funzione `paste()`:

```
> paste(nomi, collapse=" ")
[1] "Giuseppe Tiziana Luigi Simone"
>
```

La funzione `paste()` si dimostra molto utile per incollare delle stringhe, in essa l'argomento `collapse=" "`, raggruppa tutti i caratteri presenti nel vettore in una singola stringa, separando gli elementi con ciò che è posto tra le virgolette, in questo caso uno spazio vuoto.

Un vettore del tipo `logical` è destinato a contenere elementi che possono assumere solo due valori: TRUE e FALSE.

```
> valori <- c(TRUE, TRUE, FALSE, TRUE)
> valori
[1]  TRUE TRUE FALSE TRUE
>
```

I simboli T e F possono essere usati come valori logici in alternativa alla forma stesa TRUE e FALSE, ma mentre questi ultimi rappresentano dei simboli riservati in R, T e F non lo sono: un'omissione che può essere considerata come un difetto di progettazione presente nel linguaggio.

Sono disponibili diverse funzioni destinate a operare su vettori del tipo `logical`. Ad esempio, l'operatore ! (punto esclamativo) esegue un'operazione di negazione di un vettore logico, nel senso che inverte tutti i valori presenti in un vettore di questo tipo. Vediamo un esempio applicato al vettore definito nell'esempio precedente:

```
> valori <- c(TRUE, TRUE, FALSE, TRUE)
> valori
[1]  TRUE   TRUE FALSE   TRUE
> !valori
[1] FALSE FALSE   TRUE FALSE
>
```

Ricordiamo poi che i due valori logici possono essere rappresentati anche con il simbolo 1 e 0. Se usiamo quindi dei valori logici in aritmetica, R tratta FALSE come se fosse uno 0 e TRUE come se fosse 1. Vediamo, ad esempio, cosa accade se utilizziamo la funzione sum() (che somma tutti gli elementi di un vettore) ad un vettore del tipo logical:

```
> valori <- c(TRUE, TRUE, FALSE, TRUE)
> sum(valori)
[1] 3
> sum(!valori)
[1] 1
>
```

Abbiamo già detto che gli elementi di un vettore devono essere tutti dello stesso tipo; ma cosa accade se invece inseriamo in un vettore, dati di tipo diverso? Vediamolo in un esempio:

```
> vettore<-c("Giuseppe", 10.0, TRUE)
> vettore
[1] "Giuseppe" "10"       "TRUE"
>
```

Abbiamo definito un vettore inserendo in esso tre valori di tipo diverso: character, numeric, logical. Nel momento in cui richiamiamo il vettore per la stampa a video ci accorgiamo che R ha trattato tutti gli elementi del vettore come tipo character.

D'altra parte un vettore con elementi misti tra numeri e valori logici è trattato come numerico, con il valore FALSE che diventa 0 e TRUE che diventa 1.

```
> vettore<-c(FALSE, 10.0, TRUE)
> vettore
[1]  0 10  1
>
```

Nel primo caso, i valori logici e numerici sono stati trasformati in caratteri; nel secondo caso, i valori logici sono stati trasformati in numerici. In generale, la coercizione in R trasforma i tipi dei dati in modo che si perdano quante meno possibili informazioni.

Matrici ed array multidimensionali

Una matrice è un vettore con due ulteriori attributi: il numero di righe e il numero di colonne. Giacché le matrici sono vettori, anch'esse prevedono l'inserimento di elementi i cui valori sono del tipo:

1. logical,
2. integer,
3. real,
4. complex,
5. string

D'altra parte, i vettori non sono altro che delle matrici con una singola riga. Le matrici sono dei casi particolari di tipo in R, più in generale appartengono all'oggetto array.

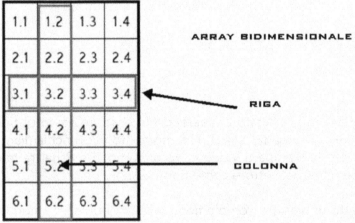

Figura 3.8 – Rappresentazione grafica di un array bidimensionale.

Gli array possono essere multidimensionali; ad esempio, una matrice tridimensionale è composta da righe, colonne e layer, non solo righe e colonne come nel caso di una matrice. Gran parte della potenzialità di R proviene dalle varie operazioni che è possibile eseguire sulle matrici.

Per individuare i singoli elementi di una matrice, utilizzeremo due indici: il primo rappresenterà il numero di riga mentre il secondo il numero di colonna (Figura 3.8). Ad esempio, il primo elemento in alto a sinistra della Figura 3.8, rappresentativa di una matrice, sarà individuato dalla notazione [1,1]. La memorizzazione interna di una matrice avviene in ordine di colonna, il che significa che prima di tutto è memorizzata la colonna 1, quindi si passa alla colonna 2, e così via.

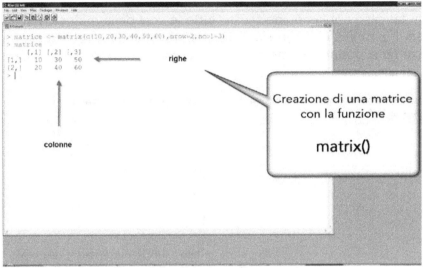

Figura 3.9 – Creazione di una matrice.

Un modo per creare una matrice è quello di utilizzare la funzione matrix(). Vediamo come:

```
> matrice <- matrix(c(10,20,30,40,50,60),nrow=2,ncol=3)
> matrice
     [,1] [,2] [,3]
[1,]   10   30   50
[2,]   20   40   60
>
```

In essa abbiamo inserito dapprima i valori delle singole celle dopodiché abbiamo specificato su quante righe e quante colonne tali dati dovevano essere distribuiti. Ricordiamo ancora una volta che nella distribuzione dei dati, i numeri sono sistemati per prima sulla prima colonna, quindi si passa alla seconda e così via.

Facciamo un altro esempio: consideriamo una matrice quadrata, una matrice cioè che ha un uguale numero di righe e colonne.

```
> matrice <- matrix(c(10,20,30,40),nrow=2,ncol=2)
> matrice
     [,1] [,2]
[1,]   10   30
```

```
[2,]   20   40
```

In tal caso abbiamo specificato tutte le voci della matrice, quindi sia il numero di righe sia il numero di colonne, ma in realtà avremmo potuto omettere uno dei due argomenti della funzione `matrix()`.

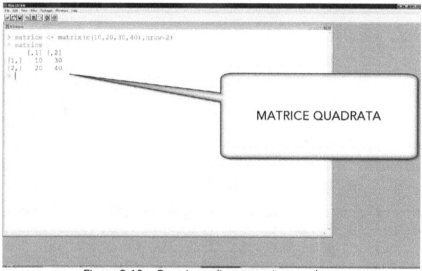

Figura 3.10 – Creazione di una matrice quadrata.

Questo perché essendo la matrice quadrata, nello specifico con due righe e due colonne sarebbe bastato uno solo dei due argomenti per specificare anche l'altro. Verifichiamo il tutto con un esempio:

```
> matrice <- matrix(c(10,20,30,40),nrow=2)
> matrice
     [,1] [,2]
[1,]   10   30
[2,]   20   40
>
```

Abbiamo verificato che anche omettendo il numero di colonne della matrice, la stessa è stata regolarmente definita. Vediamo, a questo punto, come accedere agli elementi della matrice. Per fare questo utilizzeremo ancora una volta le parentesi quadre (`[]`), specificando gli indici di riga e di colonna.

Ad esempio se volessimo estrarre solo gli elementi appartenenti alla seconda riga della matrice che abbiamo introdotto nell'esempio precedente, dovremmo scrivere:

```
> matrice[2,]
[1] 20 40
>
```

Mentre per estrarre quelli riguardanti la prima colonna:

```
> matrice[,1]
[1] 10 20
>
```

Un altro modo di estrarre gli elementi di una matrice è di specificarli individualmente, indicando sia il numero di riga sia quello della colonna. Vediamo alcuni esempi, sempre riferiti alla stessa matrice:

```
> matrice <- matrix(c(10,20,30,40),nrow=2)
> matrice
     [,1] [,2]
[1,]   10   30
[2,]   20   40
> matrice[1,1]
[1] 10
> matrice[1,2]
[1] 30
> matrice[2,1]
[1] 20
> matrice[2,2]
[1] 40
>
```

In questo modo siamo stati in grado di accedere a ogni singolo elemento della matrice. Abbiamo specificato che di default i dati sono immagazzinati nella matrice, lungo le colonne; in realtà impostando uno specifico argomento della funzione matrix(), è possibile forzare l'immagazzinamento lungo le righe. Vediamo come:

```
> matrice <- matrix(c(10,20,30,40,50,60),nrow=2,ncol=3)
> matrice
     [,1] [,2] [,3]
[1,]   10   30   50
[2,]   20   40   60
> matrice <- matrix(c(10,20,30,40,50,60),nrow=2,ncol=3,byrow=T)
```

```
> matrice
     [,1] [,2] [,3]
[1,]  10   20   30
[2,]  40   50   60
>
```

Per comprendere meglio, abbiamo dapprima definito una matrice rettangolare con due righe e tre colonne, che di default è popolata seguendo le colonne; in seguito abbiamo impostato l'argomento byrow pari a TRUE (byrow=T), imponendo un ordine lungo le righe.

Operazioni sulle matrici

Nel paragrafo precedente abbiamo imparato a creare delle matrici, vedremo adesso come operare su di esse delle semplici operazioni d'algebra lineare e di filtraggio dei suoi elementi.

È possibile eseguire diverse operazioni di algebra lineare sulle matrici, come ad esempio: moltiplicazione di matrici, moltiplicazione scalare di matrici, e addizione di matrici. Allora definiamo una semplice matrice ed eseguiamo tali operazioni. Per prima cosa moltiplichiamo la nostra matrice per se stessa, eseguendo una moltiplicazione elemento per elemento (ricordiamo che la moltiplicazione tra due matrici in algebra lineare è un'altra cosa):

```
> matrice <- matrix(c(10,20,30,40),nrow=2)
> matrice
     [,1] [,2]
[1,]  10   30
[2,]  20   40
> matrice*matrice
     [,1] [,2]
[1,]  100  900
[2,]  400 1600
```

Quindi passiamo alla moltiplicazione vera e propria quella cioè riga per colonna, precisiamo a tal proposito che due matrici possono essere moltiplicate fra loro solo se il numero di colonne della prima è uguale al numero di righe della seconda.

```
> matrice%*%matrice
     [,1] [,2]
```

```
[1,]  700 1500
[2,] 1000 2200
>
```

Passiamo quindi a moltiplicare la nostra matrice per uno scalare:

```
> 10*matrice
     [,1] [,2]
[1,]  100  300
[2,]  200  400
>
```

Infine sommiamo la matrice a se stessa eseguendo quindi un'addizione tra due matrici, ricordiamo che per la somma le due matrici devono avere lo stesso numero di righe e di colonne:

```
> matrice+matrice
     [,1] [,2]
[1,]   20   60
[2,]   40   80
>
```

Passiamo ora a vedere come eseguire delle semplici operazioni di filtraggio dei dati contenuti in una matrice; evidenziamo allora che il filtraggio ci permette di estrarre gli elementi di una matrice che soddisfano determinate condizioni. Il filtraggio è una delle operazioni più comuni in R, poiché nell'analisi dei dati spesso ci si deve concentrare su dati che soddisfano delle specifiche condizioni di interesse.

Analizziamo un semplice filtraggio della matrice che abbiamo utilizzato negli esempi precedenti:

```
> matrice <- matrix(c(10,20,30,40),nrow=2)
> matrice
     [,1] [,2]
[1,]   10   30
[2,]   20   40
> a<-matrice[matrice>30]
> a
[1] 40
>
```

Abbiamo in questo modo memorizzato nel vettore a, gli elementi della matrice che assumono un valore maggiore di trenta: quindi un solo elemento. Il filtraggio è un'operazione così importante in R, che valga la pena esaminare i dettagli tecnici di come R raggiunga tale risultato. Per fare questo analizziamo cosa accade quando imponiamo la nostra condizione agli elementi della matrice:

```
> matrice>30
      [,1] [,2]
[1,] FALSE FALSE
[2,] FALSE  TRUE
>
```

Questo ci fa capire che il solo elemento che soddisfa la nostra condizione è l'elemento con indici [2,2], quindi sarà il valore contenuto in tale cella a essere memorizzato nel nuovo vettore.

Abbiamo già precisato che le matrici assumono dimensioni fisse, quindi non possiamo aggiungere o eliminare righe o colonne una volta che esse siano state definite. Tuttavia, le matrici possono essere riassegnate, e quindi siamo in grado di ottenere lo stesso risultato come se avessimo aggiunto o cancellato delle righe e delle colonne. Brevemente rivediamo come riassegnare dei vettori e cambiare contestualmente le relative dimensioni:

```
> vet<-c(10,20,30,40)
> vet
[1] 10 20 30 40
> vet<-c(vet,50)
> vet
[1] 10 20 30 40 50
>
```

Nell'esempio precedente abbiamo definito un nuovo vettore ed in seguito lo abbiamo riassegnato aggiungendo in coda un elemento. L'aggiunta di un elemento poteva essere fatta in un punto qualsiasi del vettore, vediamo come:

```
> vet<-c(vet[1:2],25,vet[3:5])
> vet
[1] 10 20 25 30 40 50
>
```

Vediamo ora invece come eliminare un elemento da un vettore:

```
> vet
[1] 10 20 25 30 40 50
> vet<-vet[-3]
> vet
[1] 10 20 30 40 50
>
```

Abbiamo in questo modo eliminato il terzo elemento del vettore che avevamo definito nell'esempio precedente. In modo analogo è possibile eliminare intervalli di elementi:

```
> vet
[1] 10 20 30 40 50
> vet<-vet[-2:-4]
> vet
[1] 10 50
>
```

Analoghe operazioni possono essere utilizzati per modificare le dimensioni di una matrice. Ad esempio, le funzioni rbind() e cbind() ci consentono di aggiungere righe o colonne ad una matrice.

```
> matrice <- matrix(c(10,20,30,40),nrow=2)
> matrice
     [,1] [,2]
[1,]   10   30
[2,]   20   40
> matrice<-cbind(1,matrice)
> matrice
     [,1] [,2] [,3]
[1,]    1   10   30
[2,]    1   20   40
>
```

Abbiamo in questo modo aggiunto una colonna alla nostra matrice riempiendola di uno. Facciamo un'operazione analoga aggiungendo, questa volta una riga alla nostra matrice:

```
>  matrice <- matrix(c(10,20,30,40),nrow=2)
> matrice
     [,1] [,2]
[1,]   10   30
[2,]   20   40
> matrice<-rbind(1,matrice)
```

```
> matrice
       [,1] [,2]
[1,]    1    1
[2,]   10   30
[3,]   20   40
```

Per eliminare righe e colonne dalla nostra matrice basterà riassegnarla modificandone in parte gli elementi; vediamo come:

```
> matrice <- matrix(seq(10,60,10),nrow=3)
> matrice
       [,1] [,2]
[1,]   10   40
[2,]   20   50
[3,]   30   60
> matrice <- matrice[c(1,2),]
> matrice
       [,1] [,2]
[1,]   10   40
[2,]   20   50
>
```

In questo modo abbiamo riassegnato solo le prime due righe della matrice.

Liste

Una lista rappresenta una serie ordinata di oggetti, ciascuno individuato da un indice; tali oggetti sono detti elementi e possono essere modificati perché le liste rappresentano degli oggetti mutabili. Gli elementi delle liste possono essere eterogenei nel senso che non è necessario, come invece accade per altri tipi di oggetti, che gli elementi siano tutti dello stesso tipo.

Una lista è definita utilizzando la funzione list() separando i suoi elementi con delle virgole; per meglio comprendere come creare delle liste analizziamo nel dettaglio il seguente esempio:

```
> vettore<-c(1:10)
> vettore
 [1]  1  2  3  4  5  6  7  8  9 10
> matrice <- matrix(seq(10,60,10),nrow=3)
> matrice
       [,1] [,2]
[1,]   10   40
```

```
[2,]  20  50
[3,]  30  60
> stringa<-c("Luigi","Simone")
> stringa
[1] "Luigi"    "Simone"
> lista<-list(vettore,matrice,stringa)
> lista
[[1]]
 [1]  1  2  3  4  5  6  7  8  9 10

[[2]]
     [,1] [,2]
[1,]   10   40
[2,]   20   50
[3,]   30   60

[[3]]
[1] "Luigi"    "Simone"

>
```

Abbiamo dapprima definito tre oggetti di tipo diverso, nell'ordine un vettore numerico, una matrice e un vettore di stringhe. In seguito abbiamo inserito tali oggetti in una lista. Ciascuno degli oggetti elencati è indicato con una doppia serie di parentesi quadre [[]]. È possibile utilizzare tale indice per accedere a un oggetto, o in alternativa, è possibile sfruttare tale tecnica d'indicizzazione per rinominare gli elementi della lista.

```
> lista[[1]]
 [1]  1  2  3  4  5  6  7  8  9 10
> lista[[2]]
     [,1] [,2]
[1,]   10   40
[2,]   20   50
[3,]   30   60
> lista[[3]]
[1] "Luigi"    "Simone"
>
```

Nel seguente esempio, si noterà come sia possibile accedere a uno specifico elemento della lista utilizzando il suo nome e l'operatore $ (dollaro). Per fare questo dovremo dapprima attribuire un nome a ogni elemento della lista attraverso l'utilizzo della funzione names():

```
> names(lista)<-c("Vettore","Matrice","Figli")
> names(lista)
[1] "Vettore" "Matrice" "Figli"
```

```
> lista$vettore
 [1]  1  2  3  4  5  6  7  8  9 10
> lista$matrice
      [,1] [,2]
[1,]   10   40
[2,]   20   50
[3,]   30   60
> lista$Figli
[1] "Luigi"    "Simone"
>
```

L'attribuzione di un nome a ogni elemento della lista può essere eseguita anche all'atto di creazione della lista attraverso l'utilizzo della funzione list():

```
> vettore<-c(1:10)
> vettore
 [1]  1  2  3  4  5  6  7  8  9 10
> matrice <- matrix(seq(10,60,10),nrow=3)
> matrice
      [,1] [,2]
[1,]   10   40
[2,]   20   50
[3,]   30   60
> stringa<-c"Luigi","Simone")
> stringa
[1] "Giuseppe" "Tiziana"  "Luigi"    "Simone"
> lista<-list(Vettore=vettore,Matrice=matrice,Figli=stringa)
> lista
$Vettore
 [1]  1  2  3  4  5  6  7  8  9 10

$Matrice
      [,1] [,2]
[1,]   10   40
[2,]   20   50
[3,]   30   60

$Figli
[1] "Luigi"    "Simone"

>
```

In definitiva abbiamo tre modi per accedere agli elementi di una lista:
1. indicando il numero della posizione dell'elemento tra doppie parentesi quadre,
2. indicando il nome dell'elemento tra doppie parentesi quadre,
3. indicando il nome della lista seguito dal simbolo $ (dollaro)

e dal nome dell'elemento.

```
> lista[[2]]
     [,1] [,2]
[1,]   10   40
[2,]   20   50
[3,]   30   60
> lista[["Matrice"]]
     [,1] [,2]
[1,]   10   40
[2,]   20   50
[3,]   30   60
> lista$Matrice
     [,1] [,2]
[1,]   10   40
[2,]   20   50
[3,]   30   60
>
```

Le operazioni di aggiunta ed eliminazione di elementi da una lista si rendono necessarie in un gran numero di situazioni. Ciò è particolarmente vero per le strutture dati, di cui le liste costituiscono la base, come ad esempio dataframe e classi di R.
Nuovi elementi possono essere aggiunti in seguito alla creazione della lista, vediamo come:

```
> lista$Nipoti<-c("Valentina","MariaTeresa")
> lista
$Vettore
 [1]  1  2  3  4  5  6  7  8  9 10

$Matrice
     [,1] [,2]
[1,]   10   40
[2,]   20   50
[3,]   30   60

$Figli
[1] ""Luigi"    "Simone"

$Nipoti
[1] "Valentina"    "MariaTeresa"
```

Possiamo inoltre aggiungere elementi alla lista utilizzando le doppie parentesi quadre per specificarne la posizione:

```
> lista[[5]]<-2015
> lista
$Vettore
 [1]  1  2  3  4  5  6  7  8  9 10
```

```
$Matrice
     [,1] [,2]
[1,]   10   40
[2,]   20   50
[3,]   30   60

$Stringa
[1] "Giuseppe" "Tiziana"  "Luigi"     "Simone"

$nipoti
[1] "Valentina"   "MariaTeresa"

[[5]]
[1] 2015

> str(lista)
List of 5
 $ Vettore: int [1:10] 1 2 3 4 5 6 7 8 9 10
 $ Matrice: num [1:3, 1:2] 10 20 30 40 50 60
 $ Stringa: chr [1:4] "Giuseppe" "Tiziana" "Luigi" "Simone"
 $ nipoti : chr [1:2] "Valentina" "MariaTeresa"
 $        : num 2015

>names(lista)[5]<-"Anno"

> str(lista)
List of 5
 $ Vettore: int [1:10] 1 2 3 4 5 6 7 8 9 10
 $ Matrice: num [1:3, 1:2] 10 20 30 40 50 60
 $ Stringa: chr [1:4] "Giuseppe" "Tiziana" "Luigi" "Simone"
 $ nipoti : chr [1:2] "Valentina" "MariaTeresa"
 $ Anno   : num 2015
>
```

L'ultima operazione ci è servita per attribuire un nome al nuovo elemento inserito nella lista.

È possibile eliminare un elemento dalla lista impostandolo come valore NULL:

```
> lista[[5]]<-NULL
> str(lista)
List of 4
 $ Vettore: int [1:10] 1 2 3 4 5 6 7 8 9 10
 $ Matrice: num [1:3, 1:2] 10 20 30 40 50 60
 $ Stringa: chr [1:4] "Giuseppe" "Tiziana" "Luigi" "Simone"
 $ nipoti : chr [1:2] "Valentina" "MariaTeresa"
>
```

Poiché una lista è un vettore, possiamo ottenere il numero di elementi di una lista attraverso la funzione length():

```
> length(lista)
[1] 3
>
```

Vediamo ora quali operazioni siamo in grado di compiere per estrarre dei dati da una lista: la prima cosa che possiamo fare è quella di estrarre i nomi degli elementi dalla nostra lista.

```
> names(lista)
[1] "Matrice" "Stringa" "Nipoti"
> elementi=unlist(lista)
> elementi
   Matrice1    Matrice2    Matrice3    Matrice4    Matrice5
      "10"        "20"        "30"        "40"        "50"
   Matrice6    Stringa1    Stringa2    Nipoti1     Nipoti2
      "60"      "Luigi"    "Simone" "Valentina" "MariaTeresa"
>
```

Vediamo cosa accade se lavoriamo con una lista contenente valori numerici:

```
> lista<-list(a=10,b=20,c=30)
> lista
$a
[1] 10

$b
[1] 20

$c
[1] 30

> class(lista)
[1] "list"

> vettore<-unlist(lista)
> vettore
 a  b  c
10 20 30

> class(vettore)
[1] "numeric"
>
```

In questo caso il vettore che si ottiene nell'applicazione della funzione unlist() è del tipo numeric. Cosa accade nel caso la lista sia composta di elementi di tipo diverso? Vediamolo in un esempio:

```
> lista<-list(a=10,b="Luigi")
> lista
$a
[1] 10

$b
[1] "Luigi"

> class(lista)
[1] "list"
> vettore=unlist(lista)
> vettore
        a       b
     "10"  "Luigi"
> class(vettore)
[1] "character"
>
```

Si ottiene quindi ancora un vettore ma questa volta appartenente alla classe character. Nell'applicazione della funzione unlist(), ove possibile i componenti della lista saranno tutti trasformati in elementi appartenenti allo stesso tipo, quindi il risultato spesso produce un vettore di caratteri.

Più in generale la trasformazione produrrà risultati appartenenti al tipo più in alto secondo la seguente gerarchia:

```
NULL < raw < logical < integer< real < complex < character < list <
< expression
```

Com'è possibile verificare nell'esempio precedente il vettore che abbiamo ottenuto estraendo gli elementi dalla lista ha conservato i nomi di ogni singolo elemento. Per eliminare i nomi dal vettore possiamo applicare la funzione unnames() oppure impostando tutti i nomi con il valore NULL.

```
> vettore
        a       b
     "10"  "Luigi"
> names(vettore)<-NULL
> vettore
[1] "10"      "Luigi"

> vettore
        a       b
     "10"  "Luigi"
> vettore<-unname(vettore)
> vettore
```

```
[1] "10"    "Luigi"
>
```

Data frame

Un dataframe corrisponde a un insieme di dati che assume una struttura tabellare; si tratta fondamentalmente di una lista di tipo speciale in cui gli elementi hanno tutti la stessa lunghezza. Gli elementi di un dataframe possono essere di diversi tipi e disposti in colonne diverse, ma all'interno della stessa colonna, tutti gli elementi sono dello stesso tipo. È possibile creare facilmente dataframe utilizzando la funzione data.frame():

```
> colonna1<-seq(10,40,10)
> colonna1
[1] 10 20 30 40
> colonna2<-c("Giuseppe","Tiziana","Luigi","Simone")
> colonna2
[1] "Giuseppe" "Tiziana"  "Luigi"    "Simone"
> colonna3<-1:4
> colonna3
[1] 1 2 3 4
> dati<-data.frame(colonna1,colonna2,colonna3)
> dati
  colonna1 colonna2 colonna3
1       10 Giuseppe        1
2       20  Tiziana        2
3       30    Luigi        3
4       40   Simone        4
>
```

Si può richiamare una colonna specifica utilizzando l'operatore $ (dollaro).

```
> dati$colonna2
[1] Giuseppe Tiziana Luigi   Simone
Levels: Giuseppe Luigi Simone Tiziana
>
```

In questo caso trattandosi di stringhe di caratteri è inoltre restituito un elenco ordinato degli elementi della colonna. Una riga o una colonna possono essere richiamate facendo altresì riferimento al numero di riga o di colonna:

```
> dati
  colonna1 colonna2 colonna3
1       10 Giuseppe        1
2       20  Tiziana        2
3       30    Luigi        3
4       40   Simone        4
>
> dati[2,]                      #Seconda riga del dataframe
  colonna1 colonna2 colonna3
2       20  Tiziana        2
> dati[,2]                      #Seconda colonna del dataframe
[1] Giuseppe Tiziana  Luigi    Simone
Levels: Giuseppe Luigi Simone Tiziana
>
```

Una volta creato, un dataframe può essere di notevoli dimensioni, tanto da non poter essere consultato nella console di R; in tal caso possono essere utili una serie di funzioni che ci consentono di avere delle informazioni sul dataframe o ci permettono di consultare a video solo una parte di esso. Vediamole in un esempio:

```
> str(dati)
'data.frame':    4 obs. of  3 variables:
 $ colonna1: num  10 20 30 40
 $ colonna2: Factor w/ 4 levels "Giuseppe","Luigi",..: 1 4 2 3
 $ colonna3: int  1 2 3 4

> summary(dati)
    colonna1          colonna2      colonna3
 Min.   :10.0   Giuseppe:1    Min.   :1.00
 1st Qu.:17.5   Luigi   :1    1st Qu.:1.75
 Median :25.0   Simone  :1    Median :2.50
 Mean   :25.0   Tiziana :1    Mean   :2.50
 3rd Qu.:32.5                 3rd Qu.:3.25
 Max.   :40.0                 Max.   :4.00
>
```

La funzione str() ci restituisce una lista degli oggetti e la relativa struttura, mentre la funzione summary() è una funzione generica utilizzata per produrre un riassunto delle principali caratteristiche dell'argomento fornito. La funzione richiama metodi particolari che dipendono dalla classe dell'argomento fornito. In particolare è possibile verificare nell'esempio precedente che la funzione summary(), per i campi contenenti valori numerici ci fornisce anche delle informazioni in termini statistici. Ci sono poi le funzioni head() e tail() che ci consentono rispettivamente di visualizzare la testa della struttura e la coda.

Possiamo risalire al numero di righe di un dataframe (che rappresentano i nostri record contenenti le osservazioni) attraverso l'applicazione della funzione nrow():

```
> dati
  colonna1 colonna2 colonna3
1       10 Giuseppe        1
2       20  Tiziana        2
3       30    Luigi        3
4       40   Simone        4
> nrow(dati)
[1] 4
```

Mentre per conoscere il numero di colonne di un dataframe (che rappresentano le nostre variabili o campi) si può utilizzare la funzione ncol():

```
> dati
  colonna1 colonna2 colonna3
1       10 Giuseppe        1
2       20  Tiziana        2
3       30    Luigi        3
4       40   Simone        4
> ncol(dati)
[1] 3
>
```

Vediamo adesso come aggiungere righe (osservazioni) e colonne (campi) al dataframe che abbiamo appena definito. Definiamo dapprima un nuovo vettore di quattro elementi contenente l'età dei componenti la colonna 2, quindi lo inseriamo all'interno del nostro dataframe dati:

```
> eta<-c(37,32,12,10)
> dati$eta<-eta
> dati
  colonna1 colonna2 colonna3 eta
1       10 Giuseppe        1  37
2       20  Tiziana        2  32
3       30    Luigi        3  12
4       40   Simone        4  10
>
```

Aggiungiamo a questo punto un nuovo record che contenga i dati relativi a una nuova osservazione. Per fare questo definiamo un nuovo vettore contenente i dati e poi utilizziamo la funzione `rbind()` per inserire il vettore nel dataframe:

```
> nuova.riga<-c(50,"Valentina",5,16)
> dati<-rbind(dati,nuova.riga)
> dati
  colonna1 colonna2 colonna3 eta
1       10 Giuseppe        1  37
2       20  Tiziana        2  32
3       30    Luigi        3  12
4       40   Simone        4  10
5       50 Valentina       5  16
```

Vediamo ora come eliminare degli elementi dal nostro datafra-me; iniziamo eliminando una riga accedendo a essa attraverso il suo numero:

```
> dati<-dati[-5,]
> dati
  colonna1 colonna2 colonna3 eta
1       10 Giuseppe        1  37
2       20  Tiziana        2  32
3       30    Luigi        3  12
4       40   Simone        4  10
```

Eliminiamo ora la terza colonna:

```
> dati<-dati[,-3]
> dati
  colonna1 colonna2 eta
1       10 Giuseppe  37
2       20  Tiziana  32
3       30    Luigi  12
4       40   Simone  10
>
```

Nel mondo dei database relazionali, una delle operazioni più importanti è quella di un join, in cui due tabelle possono essere combinate secondo i valori di una variabile comune. In R, due dataframe possono essere combinati in modo simile utilizzando la funzione merge().

La sintassi della funzione prevede la seguente forma:

```
merge(x,y)
```

In questo modo due dataframe x e y sono uniti; naturalmente si presuppone che i due dataframe abbiano una o più colonne con lo stesso nome. Creiamo a tal proposito due dataframe con un campo in comune:

```
> campo1<-c("Giuseppe","Tiziana","Luigi","Simone")
> campo2<-c(37,32,12,10)
> campo3<-c("papà","mamma","figlio","figlio")

> dati1<-data.frame(campo1,campo2)
> dati1
    campo1 campo2
1 Giuseppe     37
2  Tiziana     32
3    Luigi     12
4   Simone     10

> dati2<-data.frame(campo1,campo3)
> dati2
    campo1 campo3
1 Giuseppe   papà
2  Tiziana  mamma
3    Luigi figlio
4   Simone figlio

> dati<-merge(dati1,dati2)
> dati
    campo1 campo2 campo3
1 Giuseppe     37   papà
2    Luigi     12 figlio
3   Simone     10 figlio
4  Tiziana     32  mamma

> colnames(dati) <- c("nome", "età","titolo")
> dati
      nome età titolo
1 Giuseppe  37   papà
2    Luigi  12 figlio
3   Simone  10 figlio
4  Tiziana  32  mamma
>
```

Analizziamo nel dettaglio quanto fatto nell'esempio precedente: dapprima abbiamo creato tre vettori contenenti i nostri dati, in seguito abbiamo utilizzato tali vettori quali campi dei due dataframe dati1 e dati2. Infine abbiamo eseguito l'unione delle due strutture dati che avevano un campo in comune. Poiché i campi del dataframe ottenuto non avevano un nome descrittivo del contenuto, abbiamo utilizzato la funzione colnames() che si occupa appunto di nominare le colonne di una struttura dati.

Factor

Quando si analizzano dei dati, è abbastanza comune incontrare delle variabili categoriali, variabili cioè che assumono un numero limitato di valori differenti. Per esempio, supponiamo di avere una serie di osservazioni sulle persone che include il colore dei capelli. Si potrebbero rappresentare i colori dei capelli di una popolazione, sottoforma di un vettore di caratteri:

```
> colore.capelli <- c ( "castano", "nero", "bianco", "biondo", "ne-
ro","castano","biondo", "nero","biondo", "castano", "nero","biondo")
> colore.capelli
 [1] "castano" "nero"    "bianco" "biondo" "ne-ro"   "castano"
 [7] "biondo" "nero"    "biondo" "castano" "nero"    "biondo"
```

Questo è un modo perfettamente valido per rappresentare tali informazioni, ma può diventare inefficace se si lavora con un numero elevato di categorie o un gran numero di osservazioni. R fornisce un modo più efficace per rappresentare i valori categoriali, utilizzando oggetti del tipo factor. Un oggetto del tipo factor rappresenta una raccolta ordinata di elementi. I diversi valori che il fattore (factor) può assumere sono chiamati livelli (levels).

Immagazziniamo le informazioni riguardanti i colori dei capelli sottoforma di un oggetto tipo factor:

```
> colore.capelli <- factor(c( "castano", "nero", "bianco", "biondo",
"nero","castano","biondo", "nero","biondo", "castano", "nero","biondo"))
> colore.capelli
 [1] castano nero    bianco biondo nero    castano biondo nero
 [9] biondo castano nero    biondo
Levels: bianco biondo castano nero
```

Com'è possibile notare alla struttura è stata aggiunta un'altra informazione (levels), che ci fornisce le categorie cui i dati inseriti possono appartenere. A tale informazione si può altresì accedere attraverso l'impiego della funzione levels():

```
> levels(colore.capelli)
[1] "bianco"  "biondo"  "castano" "nero"
>
```

Figura 3.11 – Livelli di un oggetto factor.

Se analizziamo la stampa a video delle due strutture appena create, mi riferisco al vettore di caratteri e all'oggetto factor, si vede che le informazioni sono riportate in modo leggermente diverso. In particolare, si nota che, nel caso dell'oggetto factor, le virgolette non sono indicate e che i livelli sono esplicitamente stampati.

Uno degli impieghi più importanti dei fattori (factor) è nei modelli statistici; siccome le variabili categoriali entrano nei modelli statistici in modo diverso dalle variabili continue, la memorizzazione di dati come fattori assicura che le funzioni di modellazione tratteranno correttamente tali dati.

Come abbiamo avuto modo di vedere i fattori in R sono memorizzati come un vettore di valori interi con una corrispondente serie di valori del tipo carattere da utilizzare quando si visualizza il fattore. La funzione factor() è utilizzata per creare un fattore. L'unico argomento obbligatorio di tale funzione è un vettore di valori che sarà restituito come un vettore di valori del fattore. Sia variabili numeriche sia di carattere possono essere dichiarate come fattori, ma i livelli di un fattore saranno sempre del tipo carattere.

Per modificare l'ordine con cui saranno visualizzati i livelli rispetto a quello predefinito, che ci fornisce un elenco ordinato delle categorie, l'argomento levels= può essere impostato fornendo un vettore di tutti i possibili valori della variabile nell'ordine desiderato. Se l'ordinamento desiderato deve essere utilizzato anche durante l'esecuzione di confronti, è necessario utilizzare l'argomento ordered=TRUE. In questo caso, il fattore sarà impostato come fattore ordinato.

Come mostrato nell'esempio, i livelli di un fattore sono mostrati quando si visualizzano i valori dell'oggetto. È possibile modificare tali livelli nel momento in cui si crea un fattore passando un vettore con i nuovi valori attraverso l'argomento labels=. Si noti che questo cambia effettivamente i livelli interni del fattore, e per modificare le etichette di un fattore dopo che è stato creato, deve essere utilizzata la funzione levels() in un'operazione di assegnazione.

Vediamo un esempio in cui, dopo avere trasformato un vettore contenente delle osservazioni in un oggetto factor ci occupiamo di modificare le categorie in esso contenute:

```
> dati = c(1,2,2,3,1,2,3,3,1,2,3,3,1)
> dati
 [1] 1 2 2 3 1 2 3 3 1 2 3 3 1

> fdati = factor(dati)
> fdati
 [1] 1 2 2 3 1 2 3 3 1 2 3 3 1
Levels: 1 2 3

> ldati = factor(dati,labels=c("A","B","C"))
> ldati
 [1] A B B C A B C C A B C C A
Levels: A B C
>
```

Capitolo quarto
Strutture per il controllo del flusso

Rappresentano dei costrutti sintattici che disciplinano il controllo del flusso di esecuzione di un programma, in altre parole servono a specificare se, quando, in quale ordine e quante volte devono essere eseguite le istruzioni che lo compongono. In questo capitolo analizzeremo nel dettaglio, gli strumenti che R ci mette a disposizione, per controllare il flusso delle operazioni; vedremo come inserire nel nostro programma delle istruzioni di diramazione così come, analizzeremo i cicli iterativi.

Il flusso delle informazioni

Nella realizzazione di programmi complessi, si deve ricorrere spesso a strutture che indirizzino il normale flusso delle operazioni in una direzione piuttosto che in un'altra. Questo perché l'esecuzione sequenziale del codice, passo dopo passo, è adottata solo per la stesura di semplici programmi, di solito quelli che sono proposti come esempio a scopo didattico; nei capitoli precedenti abbiamo potuto analizzare diversi esempi di programmi sequenziali.

In altri casi è necessario disporre di costrutti che ci permettano di eseguire calcoli diversi a seconda dei valori assunti da alcune variabili; cioè di istruzioni che ci consentano di controllare l'ordine con il quale, le righe di codice che formano il programma, siano eseguite.

Il linguaggio di scripting R è dotato di diverse strutture per il controllo del flusso logico delle operazioni; tali strutture hanno la forma di un blocco d'istruzioni che presentano delle chiavi speciali identificative di particolari proprietà. In questo modo è identificata la parte iniziale del blocco attraverso la chiave iniziale e la struttura dell'istruzione attraverso le chiavi intermedie. L'ingresso a tali strutture è consentito esclusivamente attraverso la chiave iniziale; tali blocchi possono presentarsi innestati, nel senso che una struttura di controllo può essere inserita all'interno di un'altra struttura.

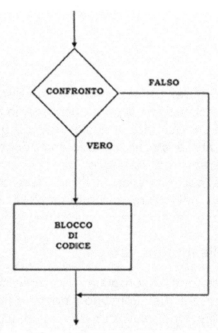

Figura 4.1 – Diagramma di flusso di una tipica istruzione di diramazione.

Come nel caso di altre istruzioni composte, le istruzioni di controllo del flusso sono costituite da un'intestazione e da un blocco di istruzioni:

```
intestazione {
    istruzione 1
    istruzione 2
    ...
    ultima istruzione
}
```

L'intestazione della struttura ha inizio con una nuova riga di codice e termina tale riga con la parentesi (aperta). Seguono poi una serie d'istruzioni indentate che rappresentano il blocco d'istruzioni. A differenza della maggior parte dei linguaggi di programmazione, in R non c'è una parola "chiave" che termina la struttura e quindi sarà la parentesi (chiusa) a determinare la fine del blocco d'istruzioni.

Le strutture per il controllo del flusso si dividono in due grandi famiglie, a seconda del tipo di istruzioni che disciplinano:
1) istruzioni di diramazione – consentono di eseguire specifiche sezioni di codice;
2) cicli – consentono di ripetere più volte l'esecuzione di una parte del codice.
Vediamo allora, analizzandole nel dettaglio, le istruzioni associate a queste due tipologie.

La struttura IF

Le istruzioni di diramazione, come già anticipato, permettono di eseguire specifiche sezioni del programma; sono anche dette istruzioni di salto in quanto ci danno la possibilità di saltare da un punto all'altro del codice attraverso una semplice istruzione.

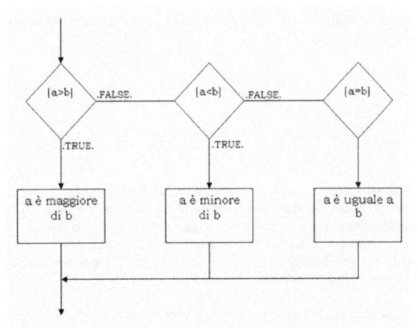

Figura 4.2 – Diagramma di flusso di una struttura IF.

La struttura if valuta un'espressione logica ed esegue un gruppo di asserzioni quando l'espressione è vera.

La chiave else if permette di specificare casualità non definite da if mentre la chiave else permette di stabilire cosa accade nel caso la condizione imposta da if non si avveri; queste due ultime chiavi sono opzionali e come abbiamo visto provvedono ad eseguire gruppi alternati di asserzioni.

I gruppi di asserzioni sono delineati da queste tre chiavi e sono previste parentesi nel costrutto, ricordiamo poi che la struttura termina con l'apposizione della parentesi graffa (chiusa). Vediamo allora il costrutto dello statement if:

```
if (condizione) {
    esegui azione
} else if  (condizione) {
    esegui azione
} else if  (condizione) {
    esegui azione
} else        {
    esegui azione
}
```

Per comprendere meglio il suo utilizzo analizziamo lo statement if in un esempio:

```
if (a>b) {
    a è maggiore di b
} else if (a<b) {
    a è minore di b
} else   {
    a è uguale a b
}
```

In questo esempio, i tre casi sono mutuamente esclusivi, ma se ciò non fosse sarebbe eseguita la prima condizione vera. Tutto questo assume un'importanza fondamentale al fine di capire come gli operatori relazionali e le strutture if lavorino.
Vediamo ora il diagramma di flusso della struttura if considerata nell'esempio precedente (figura 4.2).

Il costrutto if può essere utilizzato anche con una sola verifica di condizione, nella forma:

```
if (condizione) esegui istruzione
```

in tal caso, se si verifica la condizione è eseguita l'istruzione specificata, altrimenti si passa subito alla successiva istruzione eseguibile che compare nel programma; com'è possibile verificare in questo caso le parentesi possono essere omesse.

Infine per comprendere meglio l'utilizzo del costrutto if ci faremo aiutare da un classico esempio di programmazione: la determinazione delle radici di un'equazione di secondo grado. Sia data un'equazione di secondo grado nella forma:

```
ax²+bx+c=0
```

Come tutti sappiamo il tipo di radici di un'equazione di tale tipo dipende dal valore assunto dal suo discriminante e cioè dal termine:

```
Δ = b² - 4 a c
```

Allora si possono presentare tre condizioni mutuamente esclusive:

- $\Delta > 0$ – l'equazione ammette due radici reali e distinte;
- $\Delta = 0$ – l'equazione ammette due radici reali e coincidenti;
- $\Delta < 0$ – l'equazione ammette due radici complesse e coniugate;

Poiché come peraltro indicato, le soluzioni si escludono a vicenda, la ricerca delle radici di un'equazione di secondo grado rappresenta un classico esempio di applicazione del costrutto if. Per comprendere il funzionamento del costrutto è stato implementato un algoritmo per la determinazione delle radici di un'equazione di secondo grado.

Nella costruzione del programma per la determinazione delle radici di un'equazione di secondo grado, abbiamo preferito, per rendere il programma più usabile, inserire i dati dell'equazione da tastiera. A tal proposito R fornisce un insieme di funzioni predefinite che permettono di inserire dati da tastiera.
La più semplice di esse è la funzione cat(). Quando è inserita una chiamata a tale funzione il programma si ferma ed attende che

l'operatore inserisca l'informazione, confermando poi l'inserimento con il tasto Invio (o Enter). A quel punto il programma riprende e la funzione readline() fornisce ciò che l'operatore ha inserito:

```
> cat()
> nome = readline()
> print(nome)
[1] 'giuseppe'
```

Prima di chiamare la funzione readline() è opportuno stampare un messaggio a video che avvisi l'operatore di ciò che deve essere inserito. Questo messaggio è chiamato prompt e può essere passato come argomento alla funzione readline():

```
> cat("Qual è il tuo nome? ")
> nome = readline
> print(nome)
Giuseppe
```

Quello che segue rappresenta un algoritmo per la determinazione delle radici di un'equazione di secondo grado.

```
# radici_equazione

# varibili utilizzate nel programma
# float a        coefficiente termine di 2 grado
# float b        coefficiente termine di 1 grado
# float c        termine noto
# float delta discriminante equazione
# float r1,r2 radici reali equazione
# float conjg funzione intrinseca complesso coniugato
# complex c1, c2 radici complesse equazione

# Inserimento coefficienti
cat('Digitare il coefficiente a: ')
a<- as.numeric(readline())
cat('Digitare il coefficiente b: ')
b<- as.numeric (readline())
cat('Digitare il coefficiente c: ')
c<- as.numeric(readline())

#valutazione del discriminante
delta <- b**2-4.*a*c
print(delta)

#Determinazione del tipo di radici
if (delta > 0.) {
  print('Radici reali e distinte')
  r1 <- (-b-SQRT(delta))/(2.*a)
  r2 <- (-b+SQRT(delta))/(2.*a)
```

```
      r1;r2
} else if (delta == 0.) {
  print('Radici reali e coincidenti')
  r1 <- -b/(2.*a)
  r2 <- r1
  r1;r2
} else {
  print('Radici complesse coniugate')
  c1 <- complex(real = -b, imaginary = -sqrt(-delta/(2*a)))
  c2 <- Conj(c1)
  print(c1)
  print(c2)
}
```

Poiché si tratta di uno script, per poterlo far funzionare, è necessario salvarlo con estensione .r (nel nostro caso lo salveremo con il nome solv.eq.r) con un text editor qualsiasi (ad esempio Notepad). Bisogna allora aprire la console di R, e digitare al prompt:

```
> source("C:\\R-3.2.2\\bin\\solv.eq.r")
```

Lo stesso risultato poteva essere ottenuto facendo uso del menu File della console di R, selezionando il comando Sorgente codice R...., così come mostrato nella Figura 4.3.

Analizziamo ora il codice contenuto nello script, come già detto, si tratta di un algoritmo per la determinazioni delle radici di un'equazione di secondo grado; nella parte iniziale ci occupiamo di descrivere, attraverso l'ausilio dei commenti, le variabili utilizzate.

Si passa poi all'importazione dei coefficienti attraverso la relativa digitazione da tastiera con l'utilizzo della funzione readline(); poiché tale funzione importa i dati in formato stringa è stato necessario convertire tali dati in formato numeric, attraverso la funzione apposita appunto as.numeric(). Si eseguono quindi i calcoli per la determinazione del discriminante e solo a questo punto, si esegue il ciclo if che ci permetterà di controllare il tipo di soluzioni che l'equazione ammette in funzione dei coefficienti introdotti.

Infine il risultato è stampato a video.

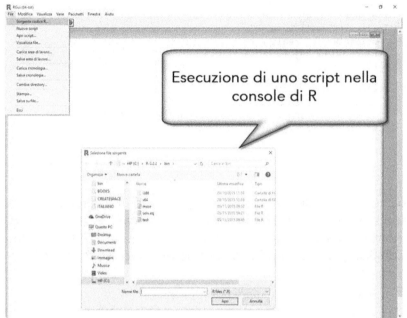

Figura 4.3 – Esecuzione dello script per la determinazione delle radici di un'equazione di secondo grado.

Molti linguaggi forniscono un costrutto specifico nel caso di esecuzione di un insieme di criteri di selezione alternativi, è il caso del costrutto `select case` disponibile nel Fortran; il suo utilizzo mette il programmatore nelle condizioni di selezionare un determinato blocco d'istruzioni secondo il valore assunto da una variabile di controllo. Nel caso del R non è presente un costrutto specifico per tale evenienza, ma lo stesso può essere facilmente realizzato attraverso l'utilizzo del costrutto `if`. Vediamone un esempio.

```
if (scelta == 1) {
    print (scelta 1)
} else if (scelta == 2){
    print (scelta 2)
} else if (scelta == 3){
    print (scelta 3)
} else{
    print ("scelta non valida")
}
```

La variabile di controllo (che nell'esposizione della sintassi è stata indicata con un numero) può essere un numero intero, una stringa di caratteri o un'espressione logica.

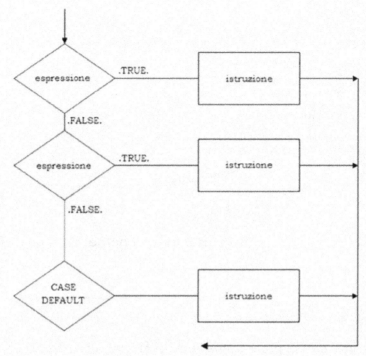

Figura 4.4 – Diagramma di flusso di un costrutto per la multi selezione.

Nel costrutto appena visto un significato importante è assunto dal selettore, nel senso che agendo su di esso è possibile stabilire i criteri di scelta. Il selettore deve essere dello stesso tipo della variabile di controllo e può essere rappresentato da un singolo valore del tipo intero, stringa o logico.
A questo punto se il valore assunto dall'espressione è compreso nell'intervallo dei valori assunti dal selettore1 verranno eseguite le istruzioni contenute in questo blocco.

Se invece il valore assunto dall'espressione è compreso nell'intervallo dei valori assunti dal selettore2 verranno eseguite le istruzioni del blocco relativo, e così proseguendo per tutti i casi previsti.
Come già indicato, la selezione di default è opzionale e copre tutti gli altri possibili valori assunti dall'espressione, non previsti dalle istruzioni precedenti; se è omesso e il valore assunto dalla espressione non è compreso in nessuno degli intervalli previsti dai selettori, allora non sarà eseguita alcuna istruzione.

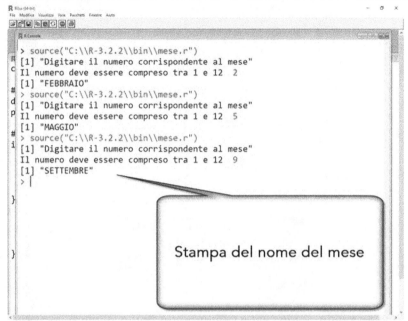

Figura 4.5 – Programma per la stampa del mese associato ad un numero.

Vediamo ora un programma in cui si fa uso del costrutto di multi-selezione; si tratta di un semplice programma che in funzione del numero che si digita sulla tastiera fornisce il corrispondente mese dell'anno.

```
#Programma mese

#Inserimento numero mese
print('Digitare il numero corrispondente al mese')
cat('Il numero deve essere compreso tra 1 e 12  ')
mese<-as.integer(readline())
if (mese==1){
    print('GENNAIO')
} else if (mese==2){
    print('FEBBRAIO')
} else if (mese==3){
    print('MARZO')
} else if (mese==4){
    print('APRILE')
} else if (mese==5){
    print('MAGGIO')
} else if (mese==6){
    print('GIUGNO')
} else if (mese==7){
    print('LUGLIO')
} else if (mese==8){
    print('AGOSTO')
} else if (mese==9){
```

```
      print('SETTEMBRE')
   } else if (mese==10){
      print('OTTOBRE')
   } else if (mese==11){
      print('NOVEMBRE')
   } else if (mese==12){
      print('DICEMBRE')
   } else{
      print('ERRORE numero non compreso tra 1 e 12')
   }
```

Dopo aver compilato ed eseguito il programma si ottiene il listato riportato nella Figura 4.5.

In conclusione è importante precisare che i selettori devono essere mutuamente esclusivi, o ciò che è lo stesso un preciso valore non può apparire in più di un selettore.

Ciclo FOR

Spesso accade che una stessa istruzione debba essere ripetuta un certo numero di volte, in tali casi per evitare di dover riscrivere lo stesso codice sono stati previsti particolari costrutti che permettono appunto tali operazioni.

Tali costrutti si differenziano secondo il tipo di controllo che è effettuato per stabilire il numero di volte che il ciclo deve essere ripetuto. Infatti, sono disponibili strutture che eseguono la ripetizione per un numero prefissato di volte, e strutture in cui tale numero è determinato dal verificarsi di una particolare condizione.

Nei linguaggi di programmazione un ciclo che esegue un blocco d'istruzioni un numero determinato di volte è detto ciclo iterativo. La struttura for consente di ripetere un numero prefissato di volte un certo blocco d'istruzioni, controllando la ripetizione del ciclo mediante un contatore.

Inoltre un ciclo for permette il cosiddetto attraversamento di un oggetto e cioè un'elaborazione trasversale con la quale un oggetto è analizzato in tutti i suoi elementi dal primo e fino all'ultimo.

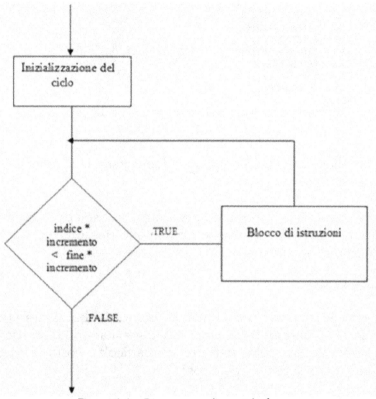

Figura 4.6 – Diagramma di un ciclo for.

La sintassi di un ciclo for è la seguente:

```
for (indice in oggetto) {
    istruzioni
}
```

Vediamo dapprima il suo utilizzo nel caso si voglia ripetere un'istruzione per un determinato numero di volte; in tal caso ci faremo aiutare dalla funzione seq() che, come già visto, ci permette di costruire in modo rapido una sequenza di numeri.

La sintassi della funzione prevede i seguenti indicatori:

```
seq(inizio,fine,incremento)
```

I tre parametri che compaiono nel costrutto della funzione: inizio, fine e incremento possono essere rappresentati da una costante, una variabile o un'espressione.

Nel caso si tratti di variabili o di espressioni, i rispettivi valori sono determinati prima dell'applicazione della funzione. E allora la seguente istruzione:

```
> seq(2,20,3)
[1]  2  5  8 11 14 17 20
```

ci permette di creare la sequenza di interi a partire dal numero 2 e fino al numero 20 con un incremento pari a 3. Così la sequenza creata sarà la seguente:

```
2 5 8 11 14 17 20
```

Nel caso manchi il riferimento all'incremento con il quale il contatore dovrà procedere, per default tale valore sarà reso unitario. Vediamo ora come utilizzare la funzione seq() in un ciclo for:

```
for (i in seq(2,20,3)) {
   print(i)
}
```

che produce:

```
2
5
8
11
14
17
20
```

Analizziamo allora il costrutto del ciclo for appena proposto:

```
for (indice in seq(inizio,fine,incremento)) {
   print(indice)
}
```

Nella struttura di programma appena vista, la variabile indice è una variabile intera utilizzata come contatore del ciclo iterativo, mentre le quantità intere `inizio` (2), `fine` (20) e `incremento`(3) sono i parametri del ciclo; essi assumono il compito di controllare i valori della variabile indice durante l'esecuzione del ciclo.

Il parametro `incremento` come già detto è facoltativo; se è omesso, è impostato pari a uno. Le istruzioni che seguono la riga in cui compare la parola chiave `for`, formano il corpo del ciclo iterativo e sono eseguite ad ogni ripetizione del ciclo.

Analizziamo nel dettaglio le operazioni che sono eseguite nel ciclo iterativo. Nel momento in cui si entra nel ciclo, è assegnato il valore `inizio` alla variabile di controllo `indice`. Se si verifica che:

```
indice * incremento <= fine * incremento
```

sono eseguite le istruzioni che compaiono all'interno del corpo del ciclo. In seguito all'esecuzione di tali istruzioni, la variabile di controllo è aggiornata nel modo seguente:

```
indice = indice + incremento
```

a questo punto è eseguito un nuovo controllo sul contatore; se risulta:

```
indice * incremento <= fine * incremento
```

il programma ripete ancora una volta le istruzioni contenute nel corpo del ciclo. Tale passaggio è ripetuto fino a quando la condizione seguente è verificata:

```
indice * incremento <= fine * incremento
```

Nel momento in cui questa condizione non è più vera, il controllo passa alla prima istruzione che si trova dopo la fine del ciclo.

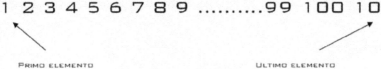

seq (1 , 1 0 1)

SEQUENZA

1 2 3 4 5 6 7 8 9 ....99 100 101

PRIMO ELEMENTO   ULTIMO ELEMENTO

Figura 4.7 – Funzione seq().

L'esempio che segue ci permetterà di comprendere meglio il meccanismo esaminato nei passi precedenti. Analizziamo allora le seguenti istruzioni:

```
for (i in seq(1, 101)) {
    istruzione 1
    ......
    istruzione n
}
```

In questo caso, le istruzioni da 1 a n saranno eseguite 101 volte. L'indice del ciclo assumerà il valore 101 durante l'ultimo passaggio del ciclo.

Quando il controllo passerà all'istruzione che compare dopo il centounesimo passaggio, l'indice del ciclo assumerà il valore 102. Poiché 102 è fuori della sequenza creata dalla funzione seq(), il controllo sarà trasferito alla prima istruzione che segue il ciclo.

Facciamo un esempio: costruiamo un algoritmo che letto un intero n valuta il quadrato dei primi n interi e stampa a video i risultati.

```
#programma quadrato

#varibili utilizzate
#int i, n, q
```

```
#
# Utilizzo del ciclo for
#
cat('Digita un intero positivo  ')
n<-as.integer(readline())
for (i in seq(1,n)){
    q <- i**2
    print(paste("Il quadrato del numero ",i," risulta pari a ", q))
}
```

Nella Figura 4.8 è riportato il risultato del programma quadrato.

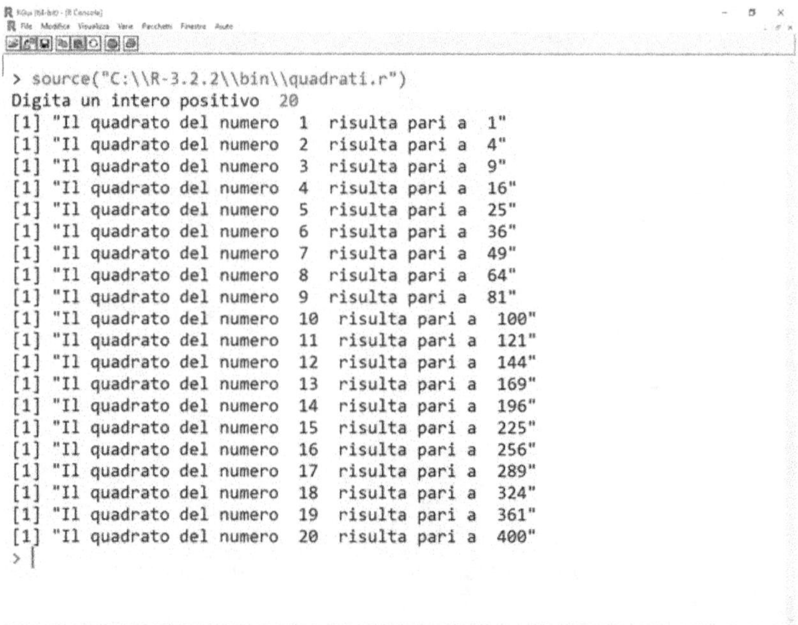

Figura 4.8 – Programma per il calcolo del quadrato di un intero.

Come già anticipato in precedenza, il ciclo `for` è utilizzato per eseguire il cosiddetto attraversamento di un oggetto, e cioè un'elaborazione trasversale con la quale un oggetto è analizzato in tutti i suoi elementi dal primo e fino all'ultimo.

Facciamo un esempio, supponiamo di avere una lista che contiene i nomi dei nostri amici, allora stampiamone il contenuto attraverso l'impiego di un ciclo `for`:

```
> lista<-c('giuseppe','tiziana','luigi','simone')
for (i in lista) {
```

```
            print(i)
    }

[1] "giuseppe"
[1] "tiziana"
[1] "luigi"
[1] "simone"
>
```

In tal caso il contatore del ciclo è una variabile (i) alla quale è assegnato, ad ogni passo del ciclo, un valore della lista. In questo modo all'interno del gruppo delle istruzioni contenute nel ciclo, è possibile operare sul singolo elemento della lista.

I cicli iterativi possono presentarsi anche in forma annidata; a tal proposito due cicli si dicono annidati quando un ciclo giace interamente all'interno dell'altro.

Un esempio di cicli annidati è riportato nel blocco d'istruzioni seguenti che ci permettono di costruire una matrice:

```
matrice<-matrix(c(1,1,1,1,1,1,1,1,1),nrow=3,ncol=3)
for (i in seq(1,3)) {
  for (j in seq(1,3)) {
    matrice[i,j] <- i*j
  }
}
print(matrice)
```

Le istruzioni appena viste producono il seguente output:

```
     [,1] [,2] [,3]
[1,]    1    2    3
[2,]    2    4    6
[3,]    3    6    9
>
```

In questo caso, il ciclo esterno attribuisce il valore 1 all'indice i, dopodiché attraverso il ciclo interno, con l'indice j che assume i valori da 1 a 2 è costruita la prima riga della matrice. Quando il ciclo interno è completato, il ciclo esterno attribuisce il valore 2 alla variabile i e attraverso il ciclo interno è costruita la seconda riga. In questo modo il ciclo è iterato fino a conclusione del ciclo esterno.

Nei cicli annidati il ciclo interno, è sempre portato a conclusione prima che l'indice del ciclo esterno sia incrementato. Poiché non è possibile cambiare il contatore all'interno di un ciclo for, non è quindi possibile adoperare il medesimo indice per due cicli annidati, questo perché il ciclo interno modificherebbe il valore dell'indice all'interno del corpo del ciclo esterno.

Ciclo while

Le istruzioni che abbiamo imparato a implementare nei paragrafi precedenti, permettono di eseguire un certo blocco di comandi un numero preciso e programmato di volte. In molti casi invece è necessario che un ciclo sia ripetuto fintanto che una condizione sia verificata (while). Per tali casi, R offre delle specifiche istruzioni che si prestano al particolare uso.

```
while (condizione) {
    istruzione 1
    istruzione 2
    .......
}
```

In questo caso si continua a iterare nel ciclo fino a quando la condizione è vera, appena essa diventa falsa si esce dal ciclo e si eseguono le istruzioni successive.

È opportuno precisare che qualora la condizione dichiarata dall'espressione logica non sia mai verificata il ciclo sarà ripetuto all'infinito. Tutto questo rappresenta un potenziale problema che riguarda tutti i cicli condizionati e cioè quei cicli che non si ripetono un numero prefissato di volte.

L'esecuzione del blocco d'istruzioni presenti all'interno del ciclo avviene secondo la sequenza di seguito indicata:
- è dapprima valutato il valore dell'espressione logica riportata in condizione;
- se il corrispondente valore risulta .FALSE., nessuna istruzione del blocco è eseguita e il controllo passa alla prima istruzione che compare dopo il ciclo;
- se invece tale valore risulta .TRUE., allora è eseguito il blocco di istruzioni a partire dalla prima istruzione che segue

l'istruzione while.

```
> source("C:\\R-3.2.2\\bin\\while.r")
Digita un intero positivo  20
[1] "stampa dei risultati"
[1] 1
[1] 2
[1] 3
[1] 4
[1] 5
[1] 6
[1] 7
[1] 8
[1] 9
[1] 10
[1] 11
[1] 12
[1] 13
[1] 14
[1] 15
[1] 16
[1] 17
[1] 18
[1] 19
[1] 20
>
```

Figura 4.9 - Programma per l'utilizzo del ciclo while.

Analizziamo subito un esempio: scriviamo un programma che chiede di inserire un numero intero n e stampa a video i primi n numeri.

```
#program uscita
#utilizzo ciclo while
cat('Digita un intero positivo  ')
n=as.integer(readline())
i=1
print('stampa dei risultati')
while (i<=n) {
  print(i)
  i=i+1
}
```

Nella figura 4.9 è riportato il risultato del programma uscita.

Analizziamo un altro esempio: implementiamo a tal proposito un algoritmo per la valutazione della radice quadrata di un numero fornito dall'utente, introducendo però un controllo sul segno del numero.

```
#programma radice
#
#variabili utilizzate
#num
#segno_num
#
#Utilizzo del ciclo WHILE
#

segno_num<-TRUE
while (segno_num) {
  cat('Digita un intero positivo  ')
  num<-as.integer(readline())
  if (num > 0.) {
    print(paste('La radice quadrata di ',num,'risulta ',sqrt(num)))
  } else {
    segno_num <- FALSE
    print('Errore digitato un intero negativo')
  }
}
```

```
R RGui (64-bit) - [R Console]
R File  Modifica  Visualizza  Varie  Pacchetti  Finestre  Aiuto

> source("C:\\R-3.2.2\\bin\\radice.r")
Digita un intero positivo  9
[1] "La radice quadrata di  9 risulta  3"
Digita un intero positivo  25
[1] "La radice quadrata di  25 risulta  5"
Digita un intero positivo  100
[1] "La radice quadrata di  100 risulta  10"
Digita un intero positivo  90
[1] "La radice quadrata di  90 risulta  9.48683298050514"
Digita un intero positivo  -3
[1] "Errore digitato un intero negativo"
>
```

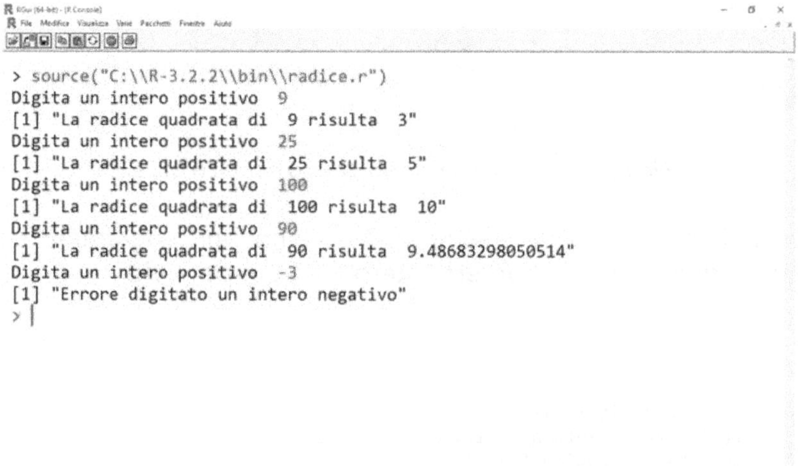

Figura 4.10 - Programma per l'utilizzo del ciclo WHILE.

Nella Figura 4.10 è riportato il risultato del programma radice.

Analizzando il listato è possibile notare che fin quando si digita un valore positivo, è valutata la radice quadrata del numero e ne è stampato a video il risultato; nel momento in cui è introdotto un valore negativo, allora è impostata la variabile logica segno_num a false e in questo modo si esce dal ciclo while.

Ripetizione di un ciclo d'istruzioni

A volte non vogliamo eseguire un blocco d'istruzioni un numero fisso di ripetizioni di un ciclo, ma bensì preferiamo che il ciclo esegua le istruzioni per un numero indefinito di volte salvo interrompere l'esecuzione al verificarsi di una precisa condizione. In questa situazione possiamo utilizzare un ciclo di ripetizione attraverso l'impiego della funzione repeat().

Questo ciclo ripete un blocco d'istruzioni fino a quando non è eseguita un'istruzione break. La sintassi della funzione è la seguente:

```
repeat {
    istruzione 1
    istruzione 2
    .................
    istruzione n
}
```

Questo fa sì che le istruzioni presenti nel blocco siano ripetute all'infinito. Le istruzioni dichiarate devono necessariamente comprendere una chiamata alla funzione break, altrimenti la ripetizione proseguirà all'infinito. Tale istruzione, che permette di saltare fuori da un ciclo ignorando la restante parte di codice da eseguire, in genere è inserita nella seguente forma:

```
if (condizione) break
```

L'istruzione break fa sì che il ciclo sia terminato immediatamente, con il controllo che passa all'istruzione immediatamente successiva al blocco repeat. L'interruzione delle ripetizioni, attraverso l'istruzione break può avvenire anche con l'impiego ci cicli for() e while().

L'istruzione next invece, determina che il controllo torni nuovamente all'inizio del ciclo; essa può essere utilizzata in qualsiasi tipo di ciclo e ci consente di inserire una sorta di salto di specifiche ripetizioni.

Il ciclo repeat e le istruzioni break e next sono utilizzate relativamente di rado. Di solito è più facile verificare l'esatta esecuzione del codice inserendo il controllo della condizione all'inizio del ciclo, e ponendo un unico vincolo all'uscita dal ciclo (come accade del resto nei cicli for e while).

Capitolo Quinto
Funzioni e Package

Le funzioni e i package rappresentano la soluzione R per la scomposizione di un algoritmo complesso, in unità semplici che assolvono uno specifico compito e agevolano la condivisione dei dati. Nella programmazione spesso si utilizzano delle porzioni di codice ripetitive, vuoi perché la stessa operazione deve essere eseguita su dati derivanti da fonti diverse o più semplicemente perché due programmi differenti eseguono procedure simili. In tali casi è palesemente antiproduttivo riscrivere ogni volta la stessa unità di codice per compiere operazioni analoghe.

A tal proposito R, come peraltro tutti i linguaggi di programmazione ad alto livello, permette la realizzazione di sottoprogrammi che rappresentano appunto delle parti di programmi scritte in file separati o nello stesso file che fungono da unità indipendenti con la possibilità di essere richiamate dal programma principale. A partire dalla prima versione del linguaggio di scripting R è poi possibile sfruttare i cosiddetti package che rappresentano un modo moderno ed estremamente efficace di scambiare informazioni tra diverse unità di programma e di implementare funzionalità aggiuntive che potenziano l'ambiente di programmazione.

Funzioni

Un programma R può essere realizzato attraverso la stesura di un programma principale e una serie di funzioni a esso collegate; questo modo di operare permette al programmatore, in fase di progettazione del software, di separare in modo organico le parti di codice e le operazioni relative, al fine di una più efficace realizzazione.
Attraverso l'utilizzo di una funzione, sarà possibile realizzare un'unità di programma che raggruppa un insieme d'istruzioni connesse al fine di risolvere un problema specifico. Questo pro-

blema è descritto dettagliatamente attraverso il suo algoritmo di risoluzione nella definizione di funzione.

I sottoprogrammi del tipo funzione hanno un tipo esplicito, prendono in ingresso un insieme di valori detti parametri e sono indirizzate a restituire uno o più valori come risultato della elaborazione.
Le funzioni, inoltre, sono previsti in due forme:
- interne
- esterne.

Le funzioni **interne** sono quelle procedure che possono comparire nell'ambito del programma principale. Le funzioni **esterne** sono quelle che compaiono in una sezione separata di programma al di fuori del file contenente il programma principale.

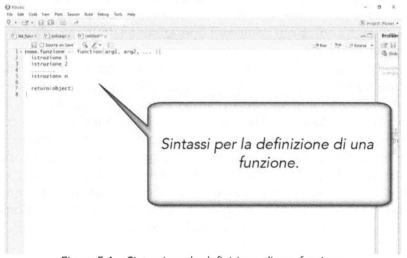

Figura 5.1 – Sintassi per la definizione di una funzione.

Una funzione rappresenta un sottoprogramma in cui il risultato, che, come abbiamo detto è singolo o multiplo, può essere rappresentato da un numero, una stringa, un valore logico, un array. Tale risultato può, allo stesso modo, essere combinato con variabili e costanti a formare un'espressione. Tali espressioni possono comparire infine in un'istruzione di assegnazione posta nell'unità di programma principale.
Una funzione è definita dalla seguente sintassi:

```
nome.funzione <- function(arg1, arg2, ... ){
    istruzione 1
    istruzione 2
    .................... .
    istruzione n

    return(object)
}
```

I parametri devono essere elencati all'interno delle parentesi tonde e devono essere separati tra loro attraverso l'impiego della virgola. Se la funzione non richiede parametri d'input, la lista dei suoi parametri sarà vuota; ma anche in tal caso le parentesi atte a contenere la lista dovranno comunque comparire.

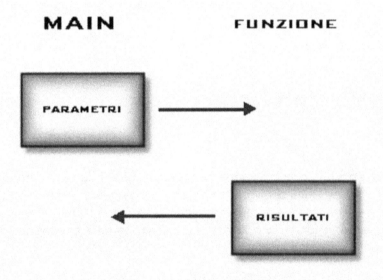

Figura 5.2 - Scambio delle informazioni.

Come nome della funzione si può utilizzare una qualsiasi stringa, secondo la definizione già data dei nomi ammessi in R, tranne che le parole riservate.

Per richiamare una funzione all'interno di un programma è necessario indicarne il nome in un'espressione; in questo modo quando l'esecuzione del programma principale arriverà in corrispondenza della chiamata alla funzione, si sposterà in essa e ritornerà nel main, quando sarà raggiunta la fine della funzione.

Il risultato della funzione deve essere esplicitamente indicato attraverso l'uso dell'istruzione return e sarà allora inserito nell'espressione in cui compariva la sua chiamata. Verifichiamone il funzionamento attraverso un semplice esempio:

```
quadrato <- function(valore){
quad<-valore*valore
return(quad)
}
```

La funzione che abbiamo appena creato prende un valore in ingresso e ne calcola il quadrato, quindi restituisce tale valore come risultato. Vediamo come inserire la chiamata alla funzione in un programma:

```
val_a <- 10
quad<-quadrato(val_a)
print(quad)
```

che fornisce come risultato.

```
100
```

Analizzando il codice appena proposto è possibile verificare che lo statement return ci permette di specificare quale valore restituire al programma chiamante; tutto quello che segue l'istruzione return, sarà ignorato in quanto il controllo ritornerà al programma chiamante.

L'utilizzo dell'istruzione return è comunque facoltativa, nel senso che sia possibile farne a meno, ma in tal caso nessun parametro sarà restituito al programma chiamante come risultato dell'elaborazione. È inoltre possibile restituire come risultato della funzione più di un parametro.

È importante rilevare che prima di poter usare una funzione è necessario averla definita, quindi la definizione della funzione deve sempre precedere la sua chiamata. Se la funzione è scritta all'interno del file che contiene il programma chiamante, deve necessariamente comparire prima dell'istruzione che contiene la chiamata alla funzione.

Figura 5.3 - Sequenza di definizione della chiamata della funzione.

Vediamo allora un programma che fa uso di una funzione per un calcolo specifico, in particolare della funzione ipotenusa che, dati i cateti di un triangolo rettangolo, ne calcola l'ipotenusa. Le variabili a e b fornite dal programma chiamante sono poi rinominate nella funzione come cateto1 e cateto2.

```
#programma triangolo
#Programma per l'utilizzo di una funzione
#variabili
#a,b      = cateti del triangolo
#ipotenusa = ipotenusa del triangolo

# Funzione per il calcolo dell'ipotenusa del triangolo
# mediante l'uso del teorema di Pitagora

ipotenusa<-function(cateto1,cateto2){
    ipotenusa<-sqrt(cateto1**2+cateto2**2)
    return(ipotenusa)
}

#corpo del programma
cat('Digitare un cateto  ')
a<-as.numeric(readline())
cat('Digitare altro cateto  ')
```

```
b<-as.numeric(readline())
print(paste('Ipotenusa del triangolo pari a ',ipotenusa(a,b)))
```

Nella Figura 5.4 è riportato il risultato del programma `triangolo`. Le variabili che compaiono nella lista degli argomenti sono anche dette variabili fittizie, questo perché non è detto che il nome attribuito a loro nel main corrisponda a quello utilizzato all'interno della funzione.

A proposito delle variabili c'è poi da ricordare che le funzioni utilizzano variabili particolari chiamate variabili locali.

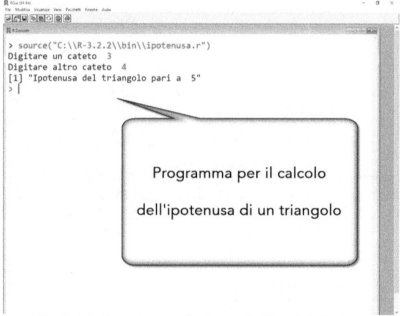

Figura 5.4 - Programma esplicativo per l'utilizzo delle funzioni.

Queste variabili esistono solo nell'ambito della funzione e quando una variabile locale ha lo stesso nome di una variabile globale, la variabile locale nasconde l'altra variabile.

Una funzione può chiamare al suo interno un'altra funzione; si parlerà in tal caso di funzioni annidate, ma è altresì possibile che una funzione chiami se stessa. Infatti, il linguaggio R permette l'utilizzo delle funzioni ricorsive e cioè di sottoprogrammi che richiamano se stessi.

Come esempio di una funzione ricorsiva consideriamo la funzione che dato un numero n ne calcola il fattoriale:

```
fattoriale <- function(n){
    if (n <= 1) {
        return 1
    }
    Return(n*fattoriale(n-1))
}
```

Fatto questo, per meglio comprendere l'utilizzo di una funzione ricorsiva, analizziamo il programma seguente che non fa altro che richiamare la funzione fattoriale per il calcolo del fattoriale di un numero fornito da tastiera.

```
#Programma ricorsione
#variabili
#int     fat
#int     num
#int     fattoriale

#definizione della funzione
fattoriale <- function(n){
    if (n <= 1) {
        return(1)
    }
    return(n*fattoriale(n-1))
}


#introduzione numero n
cat('Digitare un numero intero maggiore di 0   ')
num<-as.numeric(readline())
fat <- fattoriale(num)
print('*************************************************')
print(paste('Il fattoriale del numero ',num,' risulta pari a ',fat))
print('*************************************************')')
```

Che fornisce come risultati quelli riportati nella figura 5.5.

Vediamo infine un esempio di programma che fa uso di una funzione per la valutazione della media aritmetica e geometrica di due numeri.

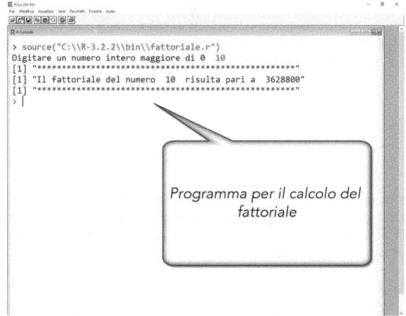

Figura 5.5 - Programma per il calcolo del fattoriale.

Tali dati saranno digitati da tastiera a richiesta dal programma.

```
#programma calcolo_medie
#Programma per il calcolo della
#media aritmetica e geometrica di due numeri
#variabili utilizzate nel programma
# a,b   numeri
# ma    media aritmetica
# mg    media geometrica
# media  - vettore contenente i valori di ritorno della funzione

#Funzione per il calcolo delle medie
medie<-function(a,b){
    #media aritmetica
    ma <- (a + b)/2
    #media geometrica
    mg <- sqrt(a * b)
    result <- c(ma,mg)
    return(result)
}

#corpo del programma
print('**************************************************')
cat('Digitare il I numero  ')
a<-as.numeric(readline())
cat('Digitare il II numero  ')
b<-as.numeric(readline())
#chiamata della funzione
media<-medie(a,b)
```

```
print(paste('La media artimetica risulta pari a ',media[1]))
print('******************************************************')
print(paste('La media geometrica risulta pari a ',media[2]))
print('******************************************************')
```

Nella Figura 6.6 è riportato il risultato del programma medie.

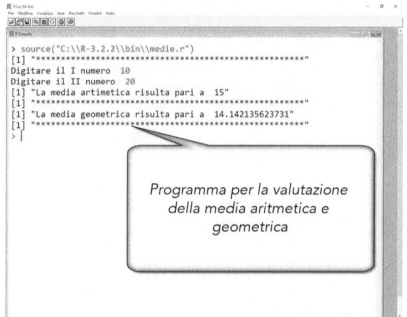

Figura 5.6 - *Programma per la valutazione della media aritmetica e geometrica.*

Analizziamo ora il listato del programma che abbiamo da poco visto per il calcolo della media aritmetica e geometrica di due numeri; in esso è possibile analizzare delle importanti caratteristiche del linguaggio.

Ad esempio abbiamo utilizzato la funzione che ci permette di valutare la radice quadrata di un numero attraverso l'istruzione sqrt.

Inoltre possiamo notare che la funzione definita e utilizzata per la valutazione delle due medie, restituisce due valori che sono immagazzinati in un vettore e poi utilizzati per la stampa attraverso le regole già viste per l'estrazione dei suoi valori.

Package

L'ambiente R è formato da una collezione di funzioni aggregate nei cosiddetti packages (pacchetti), cioè in gruppi di funzioni generalmente specializzate per raggiungere determinati scopi ed obiettivi. Un pacchetto è quindi un insieme correlato di funzioni, file di aiuto, e file di dati che sono stati raggruppati in un solo file. I pacchetti disponibili in R sono simili ai moduli di cui dispone Perl, alle librerie presenti in C / C ++, e le classi in Java.

La versione di R che abbiamo scaricato all'inizio, quando ci siamo procurati il, materiale per l'installazione dell'ambiente di programmazione, è costituta da un nucleo di pacchetti (core packages), attivati automaticamente al momento dell'installazione del programma. Per conoscere quali packages sono attivati nella nostra installazione possiamo digitare il seguente comando:

```
> getOption("defaultPackages")
[1] "datasets"  "utils"      "grDevices" "graphics" "stats"
[6] "methods"
>
```

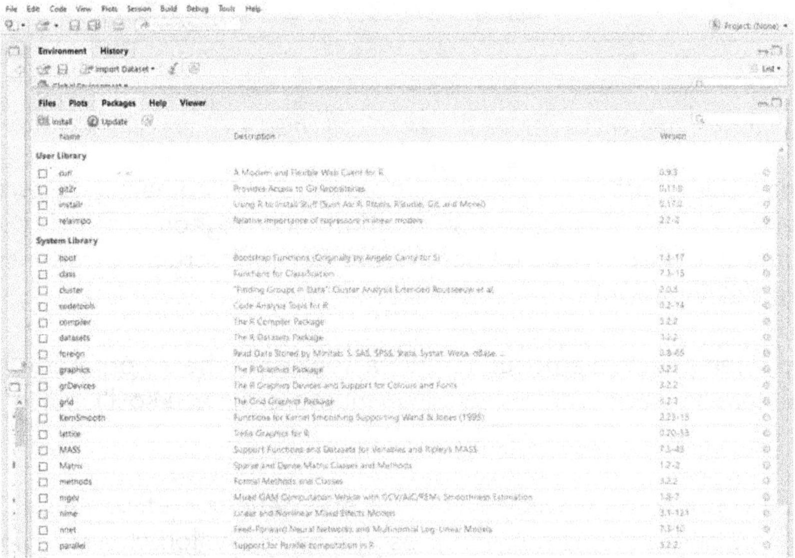

Figura 5.7 – Elenco di packages disponibili.

Per avere informazioni su dove sono stati installati i pacchetti utilizzeremo il seguente comando:

```
> path.package()
[1] "C:/R-3.2.2/library/stats"     "C:/R-3.2.2/library/graphics"
[3] "C:/R-3.2.2/library/grDevices" "C:/R-3.2.2/library/utils"
[5] "C:/R-3.2.2/library/datasets"  "C:/R-3.2.2/library/methods"
[7] "C:/R-3.2.2/library/base"
>
```

Per vedere l'elenco dei pacchetti attualmente caricati, è possibile utilizzare il comando .packages(), inserito tra parentesi:

```
> (.packages())
[1] "stats"  "graphics"  "grDevices" "utils" "datasets"  "methods"
[7] "base"
>
```

```
R packages available
Packages in library 'C:/R/R-3.2.2/library':

base              The R Base Package
boot              Bootstrap Functions (Originally by Angelo Canty
                  for S)
class             Functions for Classification
cluster           "Finding Groups in Data": Cluster Analysis
                  Extended Rousseeuw et al.
codetools         Code Analysis Tools for R
compiler          The R Compiler Package
datasets          The R Datasets Package
foreign           Read Data Stored by Minitab, S, SAS, SPSS,
                  Stata, Systat, Weka, dBase, ...
graphics          The R Graphics Package
grDevices         The R Graphics Devices and Support for Colours
                  and Fonts
grid              The Grid Graphics Package
KernSmooth        Functions for Kernel Smoothing Supporting Wand
                  & Jones (1995)
lattice           Trellis Graphics for R
MASS              Support Functions and Datasets for Venables and
                  Ripley's MASS
Matrix            Sparse and Dense Matrix Classes and Methods
methods           Formal Methods and Classes
mgcv              Mixed GAM Computation Vehicle with GCV/AIC/REML
```

Figura 5.8 – Pacchetti disponibili nella nostra installazione

Per mostrare tutti i pacchetti disponibili, è possibile utilizzare l'opzione all.available al comando utilizzato in precedenza:

```
> (.packages(all.available=TRUE))
[1] "base"     "boot"      "class"    "cluster"  "codetools"
[6] "compiler" "datasets"  "foreign"  "graphics" "grDevices"
```

```
[11] "grid"     "KernSmooth" "lattice"  "MASS"   "Matrix"
[16] "methods"  "mgcv"       "nlme"     "nnet"   "parallel"
[21] "rpart"    "spatial"    "splines"  "stats"  "stats4"
[26] "survival" "tcltk"      "tools"    "utils"
>
```

È anche possibile immettere il comando library() senza argomenti per aprire una nuova finestra in cui apparirà il set di pacchetti disponibili (Figura 5.8).

A tali pacchetti se ne aggiungono molti altri che occorre attivare nel momento in cui se ne avverte l'esigenza. Inoltre vi sono un notevolissimo numero di packages (contributed packages), altamente specializzati, che mettono a disposizione funzioni utili per effettuare particolari tipi di calcoli e di analisi.

Tali pacchetti vanno prima installati; in generale l'installazione è effettuata automaticamente, R si collega via internet a un repository (un archivio di packages), permette di scegliere il pacchetto che si desidera, scarica il programma richiesto e lo installa; il programma installato deve essere poi attivato caricandolo nell'area di lavoro.

Ci si potrebbe chiedere perché è necessario caricare i pacchetti in R al fine di utilizzarli, anziché comprenderli tutti nella distribuzione nativa dell'ambiente? In primo luogo, la ricerca di aiuti di R, disponibili per fornire informazioni sul pacchetto specifico, rallenta in modo significativo quando si aggiungono numerosi pacchetti. In secondo luogo, è possibile che due pacchetti abbiano oggetti con lo stesso nome.

Se ogni pacchetto fosse caricato in R per impostazione predefinita, si potrebbe pensare di utilizzare una funzione specifica, ma in realtà se ne sta utilizzando un altra. Oppure, è possibile che ci siano conflitti interni: due pacchetti possono utilizzare funzioni con lo stesso nome, che funzionano in modo molto diverso, con conseguenti risultati imprevisti. È consigliabile quindi caricare solo i pacchetti di cui si ha effettivo bisogno, in questo modo è possibile ridurre al minimo questi conflitti.
Nell'ipotesi in cui si sia alla ricerca di un particolare pacchetto di cui si conosce il nome basterà digitarlo nel box di ricerca dispo-

nibile nella Visualization area, in basso a destra dell'ambiente RStudio. Allora il software si preoccuperà di individuarlo, scaricarlo e a noi rimarrà solo il compito di attivarlo.

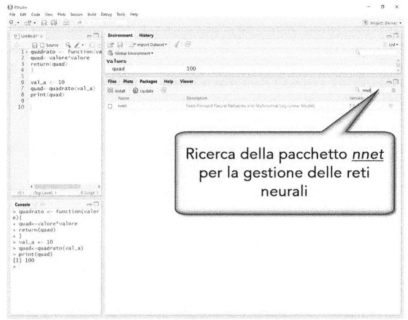

Figura 5.9 – Ricerca di un pacchetto.

Se invece si ha bisogno di un pacchetto che è disponibile nella nostra installazione di R, ma non è caricato in memoria, è possibile caricarlo utilizzando la funzione di library(). Ad esempio, supponiamo si desideri lavorare con le matrici sparse. A tal proposito il pacchetto Matrix possiede un nutrito corredo di funzioni che ci consentono agevolmente la gestione di tale argomento. Quindi, potremo usufruire di tali risorse semplicemente caricando il pacchetto attraverso la seguente istruzione:

```
> library(Matrix)
```

Le funzioni contenute nel pacchetto saranno ora pronte per l'uso. Allo stesso modo si potrà consultare la relativa documentazione attraverso l'ausilio della funzione help().

Se il pacchetto che si desidera non è disponibile nell'installazione di R, non dobbiamo disperare, in quanto possiamo contare sul fatto che essendo R un software open source, dispone di tanto codice che le persone amano condividere. La gente di tutto il mondo ha contribuito all'evoluzione di R scrivendo i propri pacchetti per un fine particolare, e ponendoli nel repository CRAN (Comprehensive R Archive Network) o altrove. C'è da precisare che il lavoro che gli utenti esterni depositano sul sito CRAN pur passando attraverso un processo di valutazione attento che ne determina quindi un profilo generalmente di alta qualità; non è, tuttavia, testato accuratamente come lo è R stesso.

Figura 5.10 – Repository CRAN.

R offre buoni strumenti per l'installazione dei pacchetti all'interno della GUI, ma non fornisce un altrettanto modo efficace per trovare un pacchetto specifico. Per fortuna, è abbastanza facile trovare un pacchetto in rete, grazie all'utilizzo di un semplice browser web. Ad esempio potremo ricercare il nostro pacchetto sul sito del CRAN disponibile al seguente url:

```
https://cran.r-project.org/web/packages/
```

Oppure sul sito Bioconductor che offre un corposo numero di risorse open source per i ricercatori di bioinformatica:

```
http://www.bioconductor.org/packages/release/BiocViews.html#___Software
```

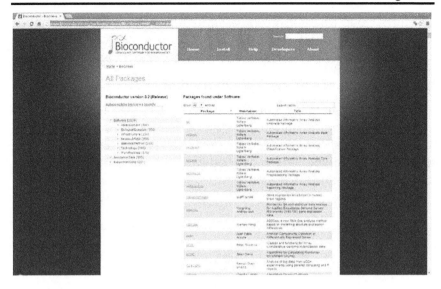

Figura 5.11 – Repository Bioconductor.

Oppure infine dal sito R-Forge che offre un'intera sezione di supporto ai programmatori R, ricca di documentazione e pacchetti, disponibile al seguente url:

```
http://r-forge.r-project.org/
```

Figura 5.12 – Repository R-Forge.

Inoltre, si può anche provare a cercare pacchetti con un motore di ricerca quale ad esempio Google, inserendo l'indicazione dell'applicazione per la quale stiamo cercando risorse.

Abbiamo visto come ricercare ed installare un pacchetto specifico, adesso ci soffermeremo su come realizzare dei pacchetti in modo autonomo. È buona idea, se si desidera condividere codice o dati con altre persone, o se si vuole semplicemente impacchettare del codice creato in modo da renderlo facile da riutilizzare, costruire un proprio pacchetto. Vedremo allora il modo più semplice per creare in proprio dei pacchetti di software.

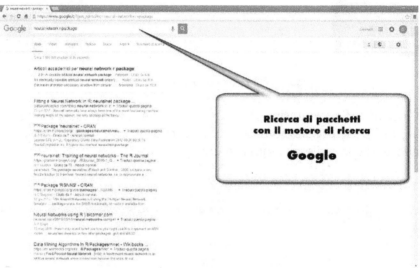

Figura 5.13 – Ricerca di pacchetti con Google.

Per realizzare un pacchetto, è necessario inserire tutti i file del pacchetto (codice, dati, documentazione, ecc) all'interno di una singola directory. È possibile creare una struttura di directory appropriata utilizzando la funzione R package.skeleton():

```
package.skeleton(name = "RetiNeuraliRpackage", list,
                environment = .GlobalEnv,
                path = ".", force = FALSE, namespace = FALSE,
                code_files = character())
```

Dove gli argomenti della funzione assumono il seguente significato:

- `name` = valore del tipo carattere che specifica un nome per il nuovo pacchetto;
- `list` = vettore del tipo carattere che contiene i nomi di oggetti R da aggiungere al pacchetto;
- `environment` = ambiente in cui valutare il contenuto di list;
- `path` = vettore del tipo carattere che specifica il percorso nel file system;
- `force` = valore booleano che specifica se sovrascrivere i file, nel caso fosse già disponibile lo stesso nome di directory nel percorso del file system;
- `namespace` = valore booleano che specifica se aggiungere uno spazio dei nomi al pacchetto;
- `code_files` = vettore del tipo carattere che specifica i percorsi dei file contenenti codice R.

Tale funzione può essere allo stesso modo utilizzata per copiare un insieme di oggetti R in una specifica directory.

Figura 5.14 – Documentazione della funzione prompt().

R inoltre include un insieme di funzioni che consentono di automatizzare la creazione di file di aiuto per i pacchetti:

- `prompt` - per la documentazione generica,
- `promptData` - per documentare i file di dati,

- promptMethods - per documentare i metodi di una funzione generica,
- promptClass - per la documentazione di una classe.

È possibile aggiungere dei file di dati in una directory di dati in diverse forme: come file di dati R, utilizzando la funzione di salvataggio save() e il nome del file con estensione .rda o .rdata , come valori separati da una virgola in un file con estensione .csv, oppure sottoforma di codice R in un file con estensione .r.

Ricordiamo a tal proposito la sintassi della funzione save():

```
save(..., list = character(),
    file = stop("'file' must be specified"),
    ascii = FALSE, version = NULL, envir = parent.frame(),
    compress = isTRUE(!ascii), compression_level,
    eval.promises = TRUE, precheck = TRUE)
```

Dove gli argomenti della funzione assumono il seguente significato:

- ... = nomi degli oggetti da salvare;
- list = vettore di caratteri contenente i nomi degli oggetti da salvare;
- file = connessione o nome del file in cui verranno salvati i dati;
- ascii = se TRUE, rappresentazione ASCII dei dati scritti;
- version = versione del workspace da utilizzare;
- envir = ambiente per la ricerca di oggetti da salvare.
- compress = stringa logica o di carattere che specifica il formato di compressione;
- compression_level = intero che indica il livello di compressione da utilizzare;
- eval.promises = valore logico che ci indica se il valore deve essere forzato prima di salvarlo;
- precheck = valore logico che verifica l'esistenza degli oggetti prima di iniziare a salvare;
- safe = valore logico. Se TRUE, un file temporaneo viene utilizzato per creare l'area di lavoro salvata.

Capitolo sesto
Operazioni d'ingresso e di uscita

Nell'acquisizione delle competenze di base, quando cioè si inizia ad imparare un nuovo linguaggio di programmazione, si assume che l'output o l'input del sistema sia quello standard, e cioè la tastiera per quanto riguarda le operazioni di ingresso ed il video per quanto riguarda le operazioni di uscita. In realtà le informazioni da processare e quelle elaborate possono essere convogliate al nostro elaboratore attraverso altri canali che non quelli standard; ad esempio è possibile leggere o scrivere da file, file che vengono memorizzati su un device di storage esterno, tipicamente un disco (hard disk, pen drive) o un nastro.

In questo capitolo tratteremo le istruzioni da utilizzare per accettare informazioni di ingresso anche da sorgenti diverse dalla tastiera, e le procedure necessarie per indirizzare le informazioni di uscita in posizioni diverse dallo schermo. Vedremo poi come formattare tali informazioni, per ottenere dati di input ed output in un formato opportuno, che garantisca oltre che la correttezza dei dati un'adeguata forma.

Le funzioni readline e print

Abbiamo visto come stampare a video un determinato dato attraverso la funzione `print()`. Ci chiediamo ora come fare affinché lo stato esterno influenzi il comportamento della macchina in ambiente R. È questo il caso delle funzioni che gestiscono i dati in ingresso, la più semplice delle quali è la funzione predefinita `readline()`; invocata con zero argomenti fa sì che l'interprete legga un'espressione introdotta dall'esterno.

La funzione `readline()` legge quindi una riga dall'input, la converte in una stringa, e la restituisce:

```
> var1 <- readline()
10
> print(var1)
[1] "10"
```

Dopo aver introdotto la prima istruzione, il prompt della shell si blocca in attesa che l'utente digiti la prossima istruzione che è immagazzinata nella variabile indicata. In seguito attraverso la funzione print() è stampato a video il contenuto della variabile var1 per verificare l'efficacia dell'istruzione.

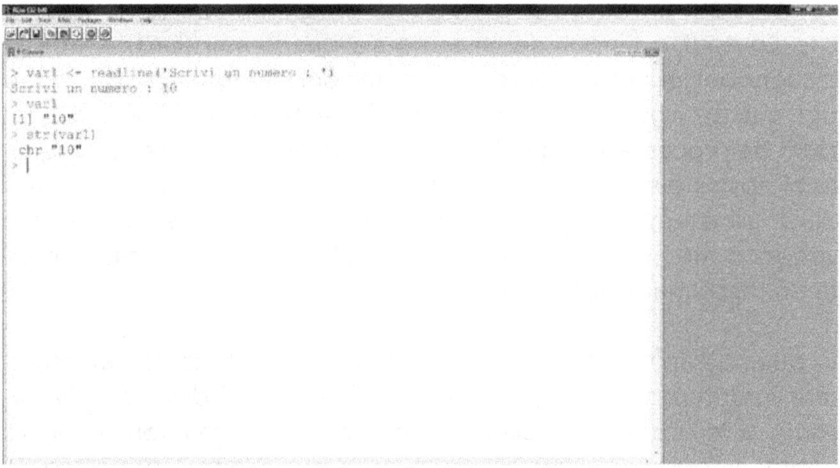

Figura 6.1 – La funzione readline().

Se invochiamo la funzione readline() con un argomento, questo è stampato dall'interprete prima di mettersi in attesa dell'input, vediamo allora un esempio:

```
> var1 <- readline('Scrivi un numero : ')
Scrivi un numero : 10
> print(var1)
[1] "10"
```

La funzione readline() richiede che l'espressione letta come input sia un'espressione prevista dal linguaggio R, in particolare la variabile in ingresso è considerata una stringa. Allora vediamo l'esempio seguente:

```
> var2 <- readline('Scrivi un numero : ')
Scrivi un numero : 20
```

```
> str(var2)
chr "20"
```

In questo caso se avessimo voluto attribuire alla variabile var2 il tipo intero avremmo dovuto applicare la funzione as.integer() che come sappiamo converte una stringa in un intero:

```
>>> var3 <- as.integer(readline('Scrivi un numero : '))
Scrivi un numero : 30
>str(var3)
int 30
```

Risultato analogo si ottiene con la funzione scan() che ritorna il tipo di dato che è immesso, vediamo il suo funzionamento in un esempio:

```
> var4 = as.integer(scan(n=1))
1: 40
Read 1 item
> str(var4)
 int 40
>
```

Figura 6.2 – La funzione print().

In questo caso però non abbiamo potuto inserire il commento nelle righe. Mentre nel caso avessimo voluto inserire una stringa avremmo semplicemente scritto:

```
> nome <- readline('Come ti chiami ? ')
Come ti chiami ? Giuseppe
> nome
[1] "Giuseppe"
> str(nome)
 chr "Giuseppe"
>
```

Nelle pagine precedenti abbiamo più volte fatto ricorso alla funzione print(), per stampare a video il valore di una particolare variabile o il testo contenuto in una stringa. Vediamo ora in modo preciso il corretto funzionamento di questa funzione incorporata nel core di R.

La funzione print() valuta un'espressione alla volta e scrive l'oggetto risultante sullo standard output, che risulta essere lo schermo se non diversamente specificato. Se l'oggetto da stampare non rappresenta una stringa, è prima convertito in una stringa, usando le regole per la conversione, quindi la stringa risultante o quella originale, è scritta. Vediamo un esempio:

```
> nome <- readline('Come ti chiami ? ')
Come ti chiami ? Giuseppe
> print(nome)
[1] "Giuseppe"
>
```

Un altro modo di stampare a video delle informazioni è quello di utilizzare la funzione cat(), vediamolo in un esempio:

```
> nome <- readline('Come ti chiami ? ')
Come ti chiami ? Giuseppe
> cat(nome)
Giuseppe>
```

Com'è possibile verificare in questo caso è stampato a video solo il contenuto della variabile senza indicazioni ulteriori (nel caso dell'utilizzo della funzione print() è stampato anche il numero [1] identificativo del numero dell'elemento dell'oggetto). È da notare che nel caso in esame il cursore rimane in attesa di ulteriore input da stampare a video; per evitare tale comportamento potremo aggiungere, come argomento della funzione il carattere di fine riga:

```
> cat('nome\n')
nome
>
```

Scrivere e leggere dati

In questo paragrafo impareremo a gestire le operazioni di ingresso/uscita con il supporto di un file esterno per la memorizzazione dei dati, siano questi dati permanenti che verranno utilizzati in un'esecuzione successiva del programma, sia che si tratti di file temporanei. Tali operazioni risultano estremamente semplici in ambiente R.

Il modo migliore per comprendere la procedura è quello di basarsi su un esempio, attraverso il quale creeremo dapprima un file di testo, quindi scriveremo nel file tutti i numeri dispari minori di 50, uno per riga, ed infine leggeremo il file e calcoleremo la somma di tutti i numeri contenuti nel file. La prima operazione che eseguiremo sarà quella di creare il file con l'ausilio della funzione file(), in particolare creeremo un file di nome dispari.txt e su ogni riga scriveremo un numero purché sia dispari e minore di 50:

```
dati <- file("dispari.txt","w")
for (i in seq(1,50)) {
    if (i%%2!=0) {
        riga <- i
        write(riga,dati)
    }
}
close(dati)
```

La creazione fisica del file avviene quando l'interprete incontra la prima riga ed in questo caso avviene nella stessa cartella dello script.
La funzione predefinita file() accetta, nel nostro caso, due argomenti:
1) il nome del file da aprire,
2) il modo di interazione.

La sintassi della funzione è la seguente:

```
dati <- file(nome_file, modo)
```

Dove:
- dati è la variabile contenente l'oggetto file,
- nome_file la stringa con il nome del file,
- modo la modalità di apertura del file: "r" in lettura (read), "w" in scrittura (write), "a" in accoda (append).

In sostanza questi flag specificano cosa si può fare con il file appena aperto. Inoltre esistono anche le versioni dei flag con il suffisso "+" (r+, w+, a+), ad esempio r+ apre il file in lettura e scrittura.

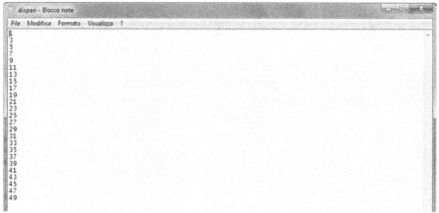

Figura 6.3 – File di testo creato con la funzione file() e scritto con la funzione write().

È importante sottolineare che la funzione file() non crea esplicitamente un file ma cerca di aprirlo in modalità scrittura, da questo ne consegue che se il file esiste già lo stesso verrà sovrascritto (e quindi perderemo tutti i dati che conteneva), altrimenti ne verrà creato uno nuovo.

Continuando ad analizzare lo script appena creato notiamo che nelle quattro righe che seguono controlliamo se un numero è dispari, se lo è creiamo una stringa formattata (riga) che contiene il numero. Chiamiamo quindi la funzione write() sul nostro file passandogli come argomento la nostra stringa formattata, che provvederà a scrivere direttamente nel file.
Tali operazioni saranno ripetute fino a raggiungere il numero 50,

con l'utilizzo del ciclo for. Infine chiamiamo la funzione close(), sul nostro file, in modo da non renderlo più accessibile e liberando quel poco di memoria che abbiamo occupato.

Dopo aver creato il file, calcoliamo la somma di tutti i numeri contenuti al suo interno. Per fare questo il file deve essere letto dall'interprete R e sulle variabili andranno effettuati dei calcoli; esistono diversi modi per farlo e noi ne vedremo alcuni.

Un primo modo è il seguente:

```
dispari <- file("dispari.txt", "r")
num <- readLines(dispari)
print(sum(as.integer(num)))
close(dispari)
```

Dunque, apriamo il nostro file in modalità sola lettura e lo assegniamo alla variabile dispari. Applichiamo ad essa il metodo readLines() ed assegniamo il risultato alla variabile num.

Figura 6.4 – Lettura di un file.

Questa funzione ritorna una lista in cui ogni posizione è una riga del file sottoforma di stringa. Allora il vettore num sarà del tipo:

```
[1,3,5, ... , 45,47,49]
```

Per trasformare le stringe in interi utilizzeremo la funzione as.integer(), rimuovendo in questo modo da una stringa i caratteri che gli passiamo come argomento.

Non ci resta che sommare il tutto con la funzione sum(), stampare il risultato e chiudere il file.

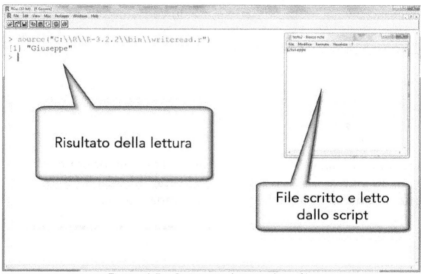

Figura 6.5 – Scrittura e lettura di un file.

Come abbiamo potuto verificare, la lettura da un file è un procedimento del tutto simile alla scrittura, infatti, in primo luogo, è necessario aprire il file con la creazione di un oggetto file. Questa volta, utilizzeremo la funzione read() "r", per specificare all'interprete R che si ha intenzione di leggere dal file. Poiché rappresenta il metodo di default è possibile omettere il secondo argomento (Figura 6.5).

```
Testo<-file('testo.txt','w')
write('Giuseppe',testo)
close(testo)
testo = open ("testo.txt", "r")
t1<-readline(testo)
print(t1)
Giuseppe
```

È necessario assicurarsi di utilizzare il percorso del file creato in precedenza, oppure utilizzare il percorso che ci porta a qualche altro file che si desidera leggere. Se il file non esiste, R solleverà un'eccezione.

Si noti che la funzione readLines() legge l'intero file ed inserisce ogni riga come elemento di un vettore di caratteri, vediamolo in un esempio in cui andremo a leggere il contenuto di un file che ha solo due righe:

```
> testo<-file('testo1.txt','r')
> readLines(testo)
[1] "prima riga"    "seconda riga"
>
```

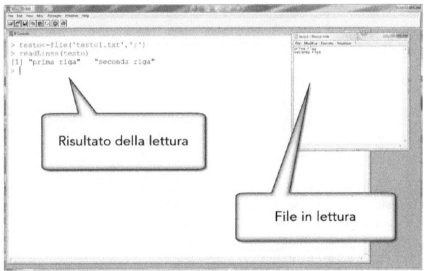

Figura 6.6 – Lettura di un file con la funzione readLines().

Per leggere il contenuto del file una riga per volta, possiamo invocare la funzione readLines() per poi estrarre le singole voci, inserendo il tutto in un ciclo for.

```
testo <- file("testo1.txt", "r")
intero<-readLines(testo)
intero
for(i in 1:length(intero)){
    linea=intero[i]
    print(linea)
}
close(testo)
```

Quando si è terminata la lettura del file, come sempre è necessario chiudere il file:

```
>close(testo)
```

Figura 6.7 – Lettura di un file una riga per volta.

È senz'altro conveniente avere la possibilità di distribuire un file di testo in linee, ma è altrettanto utile essere in grado di raggruppare tutte le linee in una sola, ad esempio per utilizzarle in un ciclo. Come abbiamo avuto modo di vedere la funzione readlines() fa esattamente questo: restituisce la restante parte delle righe del file come una lista di stringhe.

Supponiamo, per esempio, che si desideri stampare la lunghezza di ogni linea presente in un file, allora scriveremo:

```
testo <- file("testo4.txt", "r")
intero<-readLines(testo)
intero
for(i in 1:length(intero)){
    lunghezzaLinea=nchar(intero[i])
    print(lunghezzaLinea)
}
close(testo)
```

Ottenendo il risultato riportato nella figura 6.8.

Figura 6.8 – Lettura della lunghezza delle linee del file di testo.

Nella figura 6.8 è possibile notare che l'operazione di lettura della lunghezza delle linee è iniziata dalla prima linea ed è proseguita fino alla fine, leggendo anche l'ultima linea che non contiene caratteri.

Figura 6.9 – File di testo con aggiunta di stringhe attraverso il metodo append.

L'aggiunta di testo a un file è una cosa abbastanza semplice da fare. Invece di utilizzare il metodo di scrittura ("w"), si utilizza il metodo di accodamento ("a"). In questo modo, si garantisce che i dati nel file, già presenti, non siano sovrascritti, mentre, qualsiasi nuovo testo è aggiunto alla fine del file. Proviamo il seguente codice:

```
testo<-file('testo4.txt','w')
write('Giuseppe',testo)
close(testo)
testo <- file('testo4.txt', 'a')
write ('Ecco un testo aggiuntivo!',testo)
close(testo)
```

Se la stringa che si passa è più lunga di una riga, è aggiunta più di una riga al file; ad esempio analizziamo la porzione di codice seguente:

```
testo <-file('testo4.txt', "a")
write ("prima linea aggiuntiva
seconda linea aggiuntiva
terza linea aggiuntiva ",testo)
close(testo)
```

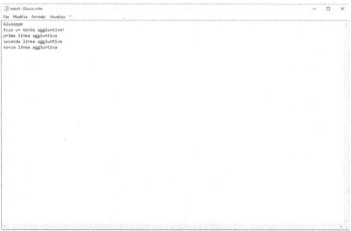

Figura 6.10 – File di testo con stringhe multi linea.

In questo esempio abbiamo utilizzato le virgolette per indicare all'interprete R di disporre il testo su più linee. Fino a quando non si chiudono le virgolette, R richiede di continuare la stringa. In una stringa multilinea, R aggiunge interruzioni di riga alla fine di ogni riga.

Gestione dei percorsi di file e directory

Vediamo ora come inserire in ambiente R un percorso di un file, ci riferiremo nella maggior parte degli esempi a nomi di percorso di Windows. Se si sta lavorando su una diversa piattaforma, bisogna sostituire i percorsi di esempio con i percorsi appropriati per il sistema. Se si fa uso di Windows, tuttavia, è necessario ricordare che il simbolo backslash "\" con il quale è rappresentato il percorso di un file o di una directory nel file system, deve essere trasformato nel carattere slash "/" con il quale invece è rappresentato correttamente un percorso in ambiente R.

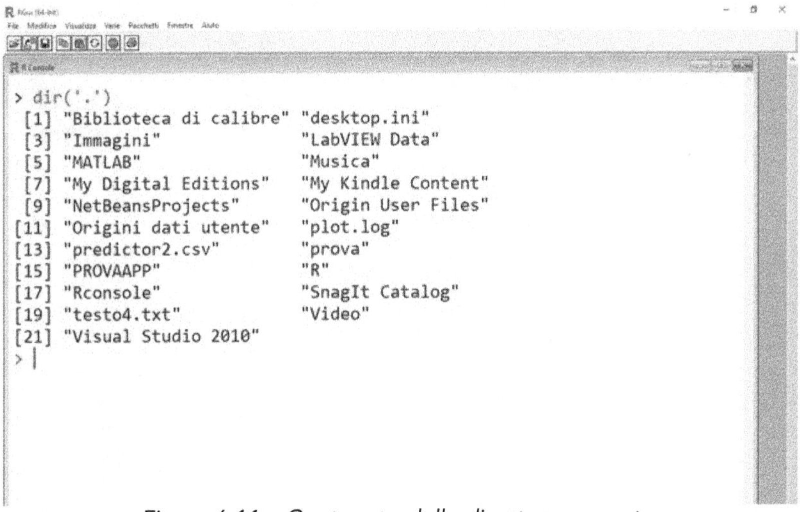

Figura 6.11 – Contenuto della directory corrente.

Ad esempio, il percorso:

```
C:\R-3.2.2\bin
```

in R potrà essere inserito attraverso la stringa:

```
"C:/R-3.2.2/bin"
```

R utilizza un oggetto stringa per contenere il nome del percorso di un file d'esempio, percorso che sarà necessario per creare e accedere a un file o a una directory.
Ad esempio se si desidera elencare il contenuto della directory

corrente, cioè quella dove R lavora, potremo utilizzare la funzione `dir()` nel seguente modo:

```
dir(".")
```

Mentre per ottenere l'elenco del contenuto di una specifica directory, dovremo indicare il percorso nel modo seguente:

```
dir(path="C:/R-3.2.2/bin")
```

Figura 6.12 – Contenuto di una specifica directory.

Quando si apre un file, o lo si modifica attraverso le funzioni di manipolazione discusse in questo paragrafo, si può specificare un percorso relativo (un percorso relativo alla directory corrente, la directory in cui il vostro programma o R è stato eseguito) o un percorso assoluto (un percorso a partire dalla radice del disco o del file system).
Ad esempio:

```
C:\R-3.2.2\bin
```

è un percorso assoluto, mentre solo `bin`, senza la specificazione di quale directory c'è al di sopra di esso, è un percorso relativo.

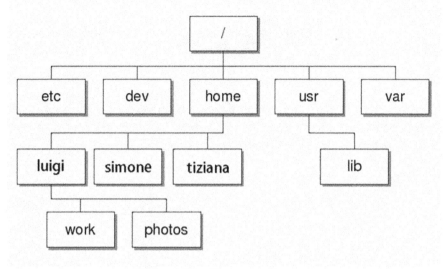

Figura 6.13 – Filesystem Linux.

I filesystem Windows, Linux, UNIX e Mac OS / X hanno molto in comune, ma differiscono per alcune delle loro regole, convenzioni e capacità. Ad esempio, Windows utilizza una barra rovesciata (backslash) "\" per indicare i nomi in un percorso, mentre Linux e UNIX (e Mac OS / X è un tipo di UNIX) utilizzano una barra (slash). Inoltre, Windows usa le lettere di unità, mentre gli altri no.

Possiamo ricavare una serie d'informazioni su file e directory applicando la funzione file.info(), che ci restituisce la dimensione del file, la data di creazione del file, i permessi attualmente impostati etc. Vediamo il suo utilizzo in un esempio, dapprima elenchiamo il contenuto della directory corrente, quindi applichiamo la funzione su un file in essa presente:

```
> dir(".")
 [1] "Biblioteca di calibre"  "desktop.ini"
 [3] "Immagini"               "LabVIEW Data"
 [5] "MATLAB"                  "Musica"
 [7] "My Digital Editions"    "My Kindle Content"
 [9] "NetBeansProjects"       "Origin User Files"
[11] "Origini dati utente"    "plot.log"
[13] "predictor2.csv"         "prova"
[15] "PROVAAPP"               "R"
[17] "Rconsole"               "SnagIt Catalog"
[19] "testo4.txt"             "Video"
[21] "Visual Studio 2010"
```

```
> file.info("testo4.txt")
            size isdir mode              mtime               ctime
testo4.txt     0 FALSE  666 2015-11-09 08:30:33 2015-11-09 08:30:33
                             atime exe
testo4.txt 2015-11-09 08:30:33   no
>
```

Nelle ultime righe, come peraltro anticipato, sono rese evidenti le informazioni estratte dal file testo4.txt, che abbiamo fornito quale argomento alla funzione file.info().

Figura 6.14 – La funzione file.info().

La funzione file.exists() invece ci consente di controllare la presenza di un file o directory in uno specifico percorso:

```
> dir(".")
 [1] "Biblioteca di calibre" "desktop.ini"
 [3] "Immagini"              "LabVIEW Data"
 [5] "MATLAB"                "Musica"
 [7] "My Digital Editions"   "My Kindle Content"
 [9] "NetBeansProjects"      "Origin User Files"
[11] "Origini dati utente"   "plot.log"
[13] "predictor2.csv"        "prova"
[15] "PROVAAPP"              "R"
[17] "Rconsole"              "SnagIt Catalog"
[19] "testo4.txt"            "Video"
[21] "Visual Studio 2010"
> file.exists("testo4.txt")
[1] TRUE
```

```
> file.exists("testo.txt")
[1] FALSE
>
```

Abbiamo dapprima elencato il contenuto della directory corrente, quindi abbiamo applicato la funzione per un file in essa presente, ottenendo come risultato il valore booleano TRUE a indicare che effettivamente il file ricercato è in essa presente. Abbiamo poi ripetuto l'operazione inserendo un file non presente nella directory corrente ottenendo come risultato il valore booleano FALSE a indicare che effettivamente il file ricercato non è in essa presente.

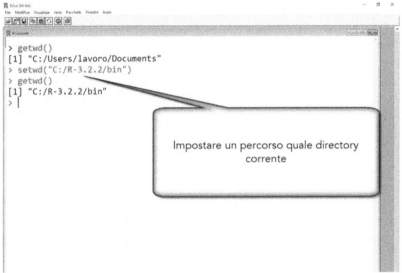

Figura 6.15 – La funzione setwd().

Analizziamo ora due nuove funzioni che ci consentono nell'ordine, di ricavare il percorso della directory corrente e di impostare una specifica directory quale corrente.

La funzione getwd() ci consente, appunto, di ricavare il percorso della directory corrente:

```
> getwd()
[1] "C:/Users/lavoro/Documents"
```

```
>
```

Mentre, come già detto, la funzione setwd() ci consente, appunto, di impostare un percorso quale directory corrente:

```
> getwd()
[1] "C:/Users/lavoro/Documents"
> setwd("C:/R-3.2.2/bin")
> getwd()
[1] "C:/R-3.2.2/bin"
>
```

Capitolo settimo
Debugging e gestione delle eccezioni

Abbiamo già visto come utilizzare i costrutti che il linguaggio R ci mette a disposizione, per scrivere in modo corretto un programma per la risoluzione di un problema. A questo punto possiamo erroneamente pensare di aver terminato il lavoro; in realtà è ora che inizia il lavoro più duro che è quello del debugging del programma, cioè dell'individuazione dei cosiddetti errori di programmazione che si manifestano solo durante lo sviluppo e l'esecuzione di un codice.

Tali errori di programmazione si possono distinguere essenzialmente in tre categorie principali (Figura 7.1):

1) errori di sintassi,
2) errori di logica,
3) errori di runtime.

Gli errori di sintassi sono i più semplici da individuare poiché è lo stesso interprete R che li individua e ne descrive la tipologia attraverso i messaggi che sono stampati a video.

Si tratta di errori che si commettono nella fase di scrittura del programma e sono in genere errori di ortografia o di sintassi delle istruzioni. Gli errori di sintassi impediscono la compilazione del programma da parte dell'interprete che quindi tipicamente segnalerà la presenza dell'errore.

Gli errori di logica sono i più difficili da individuare, questo perché l'interprete non ci fornisce alcuna informazione a riguardo, essendo il programma formalmente corretto dal punto di vista della sintassi. Ci accorgiamo della presenza dell'errore perché l'algoritmo non fornisce l'output richiesto nell'ambito di una o più istanze del problema da risolvere. Tali errori possono essere causati da una mancata comprensione del problema da calcolare o dei vincoli che i dati in input devono rispettare, o ancora nella valutazione del test dell'algoritmo. Per l'individuazione di tali errori è necessario effettuare il debugging del codice.

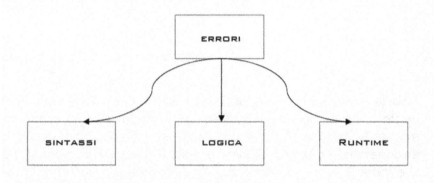

Figura 7.1 – Tipi di errori di programmazione.

Infine ci sono gli errori di runtime, che rappresentano degli errori che avvengono nella fase di esecuzione del programma, anche se l'algoritmo è corretto e il codice è interpretato giustamente. Tali errori sono usualmente contenuti nell'algoritmo, ad esempio si può erroneamente modificare una variabile nel corso del calcolo o eseguire un calcolo scorretto.

Gli errori di run-time si evidenziano quando il programma produce dei risultati inaspettati. Tali errori possono essere gestiti dal codice in modo che il verificarsi dell'evento non pregiudichi il corretto risultato dell'intero progetto.

Le eccezioni

Come già anticipato, il fatto che un'istruzione o un'espressione, sia sintatticamente corretta, non ci mette al riparo dal causare un errore quando si tenta di eseguirla. Tali errori, che sono rilevati durante l'esecuzione di un programma, sono dette eccezioni e non sono necessariamente causa di un arresto incondizionato del programma. Infatti, a essi si può porre rimedio imparando a gestirli opportunamente con gli strumenti che R ci mette a disposizione. La maggior parte delle eccezioni è gestita direttamente dai programmi e causa dei messaggi di errore, come i seguenti:

```
> 1 + var*2
Error in var * 2 :
  argomento non numerico trasformato in operatore binario
> '10' + 10
Error in "10" + 10 :
  argomento non numerico trasformato in operatore binario
>
```

In tutti e due i casi appena analizzati, l'ultima riga del messaggio di errore ci fornisce informazioni dettagliate su cosa sia successo.

Analizziamo allora nel dettaglio le eccezioni che abbiamo sollevato attraverso le nostre righe di codice. Nella stringa stampata compare innanzitutto la posizione nel codice dove si è verificato l'evento e il tipo di errore riscontrato attraverso una descrizione esaustiva del problema riscontrato.

Questo avviene nel caso di tutte le eccezioni built-in, ma non per tutte le eccezioni definite dall'utente. Il resto della riga ci fornisce un'interpretazione dettagliata del suo significato e dipende dal tipo d'eccezione.

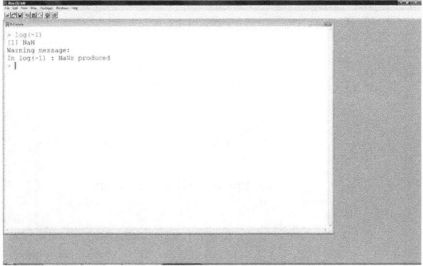

Figura 7.2 –Tipico messaggio di errore della shell di R.

La gestione delle eccezioni

Con il termine gestione delle eccezioni s'intende un insieme di costrutti e regole sintattiche e semantiche presenti nel linguaggio allo scopo di rendere più semplice, chiara e sicura la gestione di eventuali situazioni anomale che si possono verificare durante l'esecuzione di un programma. La gestione delle eccezioni è rivolta a facilitare l'uso di meccanismi ragionevoli per gestire situazioni erronee o eccezionali che sorgono nei programmi e può essere usata per passare informazioni sulle situazioni d'errore che avvengono all'interno del codice e rispondere selettivamente a quegli errori.

Attraverso la gestione delle eccezioni è possibile consentire al programma di continuare la sua normale operatività e prevenire errori interni (crash), che comportano la visualizzazione di messaggi d'errore di difficile comprensione per l'utente. Sarà allora sufficiente arrestare il programma e produrre un resoconto dell'errore; la differenza rispetto a sistemi che non fanno uso di eccezioni per segnalare esecuzioni anomale del programma sta nel fatto che con un'appropriata gestione delle eccezioni la condizione erronea può essere localizzata con precisione, semplificando il debugging.

```
nomefile<-c("testo3.txt")
if(file.exists(nomefile)) {
  print("Il file esiste")
} else {
  warning("Il file non è presente nella directory corrente")
}
print("Fine del programma")
```

La gestione delle eccezioni

Figura 7.3 – La gestione delle eccezioni.

In molti casi le operazioni, previste dall'algoritmo implementato per il nostro programma, possono generare errori in esecuzione; quando questo accade, è opportuno che il programma non si blocchi. La soluzione a tale problema è di gestire l'eccezione usando le funzioni che l'ambiente di R ci mette a disposizione.

Per capire il funzionamento di tali funzioni, vediamo un semplice esempio che chiede a un operatore di inserire il nome di un file per poi provare ad aprirlo. Se il file non esiste, il programma si blocca mostrando un messaggio di errore; vediamo come gestire questa possibile eccezione al fine di evitare il blocco del programma.

Un primo approccio alla risoluzione di un tale problema è di utilizzare la funzione stop() che ci consente di interrompere l'esecuzione del programma, in corrispondenza di una predeterminata occorrenza e di stampare a video un messaggio. Vediamo allora come fare in pratica:

```
nomefile<-c("testo3.txt")
if(file.exists(nomefile)) {
  testo <- file(nomefile, "r")
  intero<-readLines(testo)
  close(nomefile)
} else {
  stop("Il file non è presente nella directory corrente")
}
print(intero)
```

Vediamo allora il funzionamento di questo blocco di programma: la prima istruzione è molto semplice non facciamo altro che indicare il nome del file da aprire. Fatto questo, passiamo alla funzione if che esegue un controllo sulla presenza o meno del file nella directory corrente: se esso è presente, sarà aperto in lettura e ne sarà letto il contenuto, altrimenti l'esecuzione della restante parte del codice (che com'è possibile verificare prevede la stampa del contenuto del file), sarà interrotta e sarà stampato il messaggio previsto dal codice. Vediamo nella pratica cosa accade in corrispondenza di tale evenienza:

```
Errore: Il file non è presente nella directory corrente
```

Se accade qualcosa nel codice che si ritiene importante per l'utente, ma non abbastanza grave da arrestare la sua esecuzione, è possibile utilizzare la funzione warning(). Tale funzione appunto genera un messaggio di avviso che corrisponde a ciò che gli è stato fornito quale argomento e opzionalmente l'espressione o la funzione da cui è stato chiamato.

Riutilizziamo, a tal proposito, l'esempio precedente, nel modo che se il file "nomefile" esiste già, la funzione semplicemente restituisce la stringa "Il file è presente". Se invece il file non esiste, allora la funzione avvisa l'utente che il file non esiste, senza arrestare il codice.

```
nomefile<-c("testo3.txt")
if(file.exists(nomefile)) {
  print("Il file esiste")
} else {
  warning("Il file non è presente nella directory corrente")
}
print("Fine del programma")
```

Per provare lo script appena realizzato, eseguiamo due simulazioni nelle quali dapprima forniamo come nomefile un file non presente, mentre nella seconda simulazione forniamo un file presente. Il comportamento dello script è fornito nel blocco seguente:

```
> dir()
 [1] "Biblioteca di calibre" "desktop.ini"
 [3] "Immagini"              "LabVIEW Data"
 [5] "MATLAB"                "Musica"
 [7] "My Digital Editions"   "My Kindle Content"
 [9] "NetBeansProjects"      "Origin User Files"
[11] "Origini dati utente"   "plot.log"
[13] "predictor2.csv"        "prova"
[15] "PROVAAPP"              "R"
[17] "Rconsole"              "SnagIt Catalog"
[19] "testo4.txt"            "Video"
[21] "Visual Studio 2010"

> source("C:\\R-3.2.2\\bin\\war.r")
[1] "testo3.txt"
[1] "Fine del programma"
Warning message:
In eval(expr, envir, enclos) :
  Il file non è presente nella directory corrente

> source("C:\\R-3.2.2\\bin\\war.r")
```

```
[1] "testo4.txt"
[1] "Il file esiste"
[1] "Fine del programma"
>
```

La funzione try()

Passiamo ora a trattare le eccezioni attraverso specifiche funzioni: a tal proposito inizieremo analizzando la funzione try(). Si tratta di una funzione che ci consente di eseguire un'espressione che potrebbe non riuscire e al contempo di gestire eventuali errori attraverso il recupero del codice. In sostanza tale funzione ci dà la possibilità di continuare l'esecuzione anche in caso di errore.

La sintassi della funzione è la seguente:

```
try(expr, silent = FALSE)
```

Come possiamo vedere la funzione accetta due argomenti, expr e silent. Il primo argomento, expr, rappresenta l'espressione R che deve essere processata (spesso si tratta di un'ulteriore chiamata ad una funzione). Il secondo argomento, invece, specifica se il messaggio di errore deve essere stampato sulla console di R oppure deve essere inviato al canale di input/output predefinito standard error (stderr); il comportamento predefinito è quello di stampare gli errori. Se l'espressione si traduce in un errore, la funzione try() restituisce un oggetto di classe "try-error".

Come già detto la funzione try() permette all'esecuzione di continuare anche dopo che si è verificato un errore. Ad esempio, di solito, se si esegue una funzione che genera un errore, si termina immediatamente e non è restituito alcun valore:

```
funzione <- function(x) {
  log(x)
  print("L'esecuzione continua")
}
funzione("x")
```

In quest'esempio abbiamo semplicemente definito una nuova

funzione che valuta il logaritmo di un numero; nel momento in cui mandiamo in esecuzione il codice, lo stesso è arrestato poiché è sollevato un errore non avendo provveduto a inizializzare la variabile x che è utilizzata quale argomento della funzione log(). L'errore generato è indicato di seguito:

```
Error in log(x) : non-numeric argument to mathematical function
```

Com'è possibile notare nel momento in cui l'errore è sollevato il codice è arrestato, infatti la stampa del messaggio "L'esecuzione continua" non è stato eseguito.
Tuttavia, se s'inserisce il blocco di codice che genera l'errore nella funzione try(), sarà stampato il messaggio di errore ma l'esecuzione continuerà:

```
funzione <- function(x) {
  try(log(x))
  print("L'esecuzione continua")
}
funzione("x")
```

Infatti in questo caso la console di R ci mostrerà il seguente output:

```
Error in log(x) : non-numeric argument to mathematical function
[1] "L'esecuzione continua"
```

Ricordiamo inoltre che è possibile eliminare la stampa del messaggio d'errore ponendo l'argomento silent pari a TRUE:

```
funzione <- function(x) {
  try(log(x),silent=TRUE)
  print("L'esecuzione continua")
}
funzione("x")
```

Il risultato sulla console di R sarà in questo caso:

```
[1] "L'esecuzione continua"
```

Per inserire nella gestione della funzione try(), blocchi di codice di grandi dimensioni basterà includerli in parentesi graffe ({}). Vediamolo in un esempio in cui s'inizializzano due variabili e quindi se ne esegue la somma:

```
try({
  vara <- 2015
  varb <- "Duemilaquindici"
  vara + varb
})
```

Il risultato sarà:

```
Error in vara + varb : non-numeric argument to binary operator
```

È possibile, inoltre, catturare l'output della funzione try(), nel caso l'esecuzione avvenisse correttamente, sarebbe l'ultimo risultato valutato nel blocco ad essere catturato, proprio come accade nella valutazione di una funzione. Nel caso di insuccesso dell'esecuzione sarà un oggetto (invisibile) di classe "try-error"ad essere catturato. Per comprendere meglio l'utilizzo della funzione analizziamo un ulteriore semplice esempio:

```
risultato<-try(readLines("testo2.txt"))
```

Nella semplice riga di codice che abbiamo proposto, non facciamo altro che tentare di leggere il contenuto del file testo2.txt; poiché tale file non è presente nella directory corrente è sollevato un errore, il risultato dell'operazione lo immagazziniamo nella variabile risultato, che quindi stamperemo a video per leggerne il contenuto.

```
> risultato
[1] "Error in file(con, \"r\") : cannot open the connection\n"
attr(,"class")
[1] "try-error"
attr(,"condition")
<simpleError in file(con, "r"): cannot open the connection>
>
```

Com'è possibile verificare è stato sollevato un errore poiché il file non è presente, e come già anticipato, la funzione try() ha restituito un oggetto di classe "try-error".

La funzione tryCatch()

Passiamo ora a trattare un'altra importante funzione e cioè tryCatch() che ci consente di specificare speciali funzioni di gestione che controllano ciò che accade quando una condizione è segnalata.

Tale funzione rappresenta un valido strumento per la gestione di particolari condizioni: infatti oltre agli errori, si possono gestire, attraverso l'adozioni di specifiche azioni, i warning, i messaggi e gli interrupt.

Con tryCatch () è possibile trasferire la gestione di particolari condizioni ai cosiddetti gestori, funzioni queste che sono invocate inserendo la specifica condizione come input. Se una condizione è segnalata, la funzione tryCatch() invocherà il primo gestore il cui nome corrisponde ad una delle classi relative alla condizione che si è determinata. Le uniche tipologie di gestori built-in sono error, warning, message, interrupt, e cattura tutte le "condition". Una funzione del tipo gestore può fare qualsiasi cosa, ma in genere si limita a restituire un valore o creare un messaggio di errore più dettagliato.

Vediamo di comprenderne il funzionamento attraverso l'analisi di un esempio, in particolare esamineremo il codice che ci consente di calcolare il logaritmo di una lista di numeri:

```
lista = list(0,10,20,30,-40, 'testo')
for(i in lista) {
  tryCatch(print(paste("Il logaritmo di", i, "=", log(i))),
      warning = function(w) {
        print(paste("Attenzione fornito numero negativo = ", i))
      },
      error = function(e) {
        print(paste("Errore argomento non numerico = ", i))
      }
  )
}
```

In quest'esempio abbiamo trattato nel dettaglio due tipologie di

condizioni:
1. warning;
2. error.

Ottenendo il seguente risultato:

```
[1] "Il logaritmo di 0 = -Inf"
[1] "Il logaritmo di 10 = 2.30258509299405"
[1] "Il logaritmo di 20 = 2.99573227355399"
[1] "Il logaritmo di 30 = 3.40119738166216"
[1] "Attenzione fornito numero negativo =  -40"
[1] "Errore argomento non numerico =  testo"
```

Com'è possibile notare fin quando si fornisce come argomento della funzione log() un numero ≥0 si ottiene la corretta esecuzione del codice; nel momento in cui si fornisce un numero negativo è sollevato un warning che ci ricorda che il logaritmo di un numero negativo è definito nel dominio dei numeri complessi, mentre nel caso si fornisce come argomento una stringa di testo è sollevato un errore.

Debugging del codice

Per debugging s'intende la procedura con la quale si cerca di individuare la porzione di codice affetta da un errore (bug), rilevato nel programma una volta che questo è stato mandato in esecuzione. Tale procedura è una delle operazioni più importanti per la messa a punto di un programma, si presenta molto difficile per la complessità del codice da analizzare e da eseguire con attenzione dato il pericolo di introdurre nuovi errori o comportamenti difformi da quelli desiderati.

Nel debug di applicazioni software, si possono riconoscere le seguenti fasi:
- identificazione del bug;
- individuazione della porzione di codice in cui è presente il bug;
- individuazione della istruzione che causa il bug;
- progettazione di una correzione per il bug;
- implementazione e testing della correzione.

L'errore può manifestarsi sia nel momento di collaudo del programma, durante la fase di sviluppo quando lo stesso non è stato ancora distribuito, sia in fase di utilizzo, quando cioè il programma è mandato in esecuzione dall'utente finale. Dopo aver rilevato l'errore si procede con la fase di debugging, che ha come scopo quello della rimozione del bug appena rilevato.

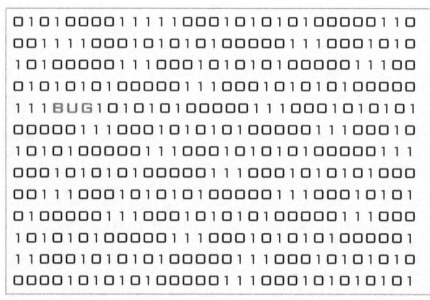

Figura 7.4 –Rilevazione di un bug in un codice sorgente.

Per venire incontro al programmatore, nella procedura di debugging, che come già detto, si presenta spesso lunga e difficoltosa, esistono dei programmi specifici detti debugger, che forniscono un utile ausilio allo sviluppatore, dando la possibilità di seguire il flusso del programma, istruzione per istruzione, e permettono l'analisi dei dati trattati. Se non si dispone di un debbugger si procede al debbugging manuale, attraverso il quale si procede con lo stampare a video o su file le istruzioni che il programma sta eseguendo, inserendo a tal scopo nel codice delle istruzioni specifiche.

Il linguaggio R offre numerose risorse che ci aiutano nel lavoro di debugging, quali alcuni debugger integrati nelle diverse idle distribuite.   .

Ma iniziamo con il chiederci cosa si possa fare quando il programma produce dei messaggi di avvertimento o ancora peggio dei messaggi d'errore. Per ora, supponiamo di essere incappati in un errore fatale, non si tratta quindi di un avvertimento (warning). La prima cosa che si potrebbe fare è stampare la cosiddetta call stack, ovvero stampare la sequenza di chiamate di funzione che hanno portato all'errore. Ricordiamo a tal proposito che una call stack è una zona di memoria di un programma, organizzata in forma di stack (pila), nella quale sono immagazzinate le informazioni sulle funzioni attive in un dato momento (le funzioni attive sono quelle che sono state invocate ma la cui esecuzione non è terminata).

La stampa di tale sequenza può essere fatta utilizzando la funzione traceback(). La funzione traceback() stampa l'elenco delle funzioni che sono state invocate prima del verificarsi dell'errore. Tale funzione si mostra particolarmente utile quando si verifica un errore con un messaggio di errore non identificabile. Un esempio di tale funzione è fornita nel seguente codice:

```
> message(log("testo"))
Error in log("testo") : non-numeric argument to mathematical function
> traceback()
1: message(log("testo"))
>
```

L'applicazione della funzione log() ha prodotto un errore fatale in quanto è stata applicata ad una stringa di testo. L'utilizzo della funzione traceback() mi conferma la diagnosi; è chiaro che in un tale esempio la sua utilità e ben lungi da comparire.

Vediamo allora un altro esempio in cui definiamo tre funzioni le quali si chiamano a vicenda:

```
f <- function(x) {
  r <- x - g(x)
  r
}
g <- function(y) {
  r <- y * h(y)
  r
}
h <- function(z) {
  r <- log(z)
  if (r < 10)
    r^2
  else r^3
```

```
    }
```

Eseguiamo il blocco di codice richiamando la funzione f e fornendo come argomento un valore negativo:

```
> f(-1)
Error in if (r < 10) r^2 else r^3 : missing value where TRUE/FALSE
needed
In addition: Warning message:
In log(z) : NaNs produced
3: h(y) at #2
2: g(x) at #2
1: f(-1)
>
```

Cerchiamo di capire cosa sia successo. In primo luogo, la funzione f è stata interrotta da qualche parte a causa di un bug. Inoltre, abbiamo ottenuto un warning che ci avverte che si è cercato di valutare il logaritmo di un numero negativo. Tuttavia, non è chiaro dove si sia verificato l'errore durante l'esecuzione. Per comprendere meglio cosa abbia determinato questo errore, possiamo eseguire la funzione traceback():

```
> traceback()
3: h(y) at #2
2: g(x) at #2
1: f(-1)
>
```

Come anticipato la funzione stampa la sequenza di chiamate delle funzioni in ordine inverso cioè a partire dall'ultima invocata. Così è confermato che la funzione in fondo alla lista, cioè f, è stato chiamata per prima, poi la funzione g, quindi la funzione h. Dall'output della funzione traceback(), abbiamo così compreso che si è verificato un errore nella funzione h e non in f o in g.

A volte si ha bisogno di interagire con una funzione, mentre è in esecuzione, al fine di ottenere un'osservazione dettagliata del suo comportamento della funzione. Nell'esempio precedente, abbiamo usato la funzione traceback() per determinare la funzione in cui era stato generato l'errore. Tuttavia, traceback() non ci dice di preciso il punto in cui, all'interno della funzione, si è verificato l'errore. Per ottenere questo abbiamo bisogno di utilizzare delle risorse supplementari.

La funzione debug()

Nella pratica comune per ricavare informazioni più utili, al fine di individuare il comportamento anomalo di un programma, si rende necessario far scorrere una funzione, o più in generale un blocco del programma, linea per linea, così da identificare la specifica posizione di un bug. In ambiente R, per fare questo si usa la funzione debug().

La funzione debug() accetta un singolo argomento: il nome della funzione da analizzare. Quando si passa il nome della funzione per eseguire il debug, tale funzione è etichettata per il debug, questo vuol dire che da questo momento ogni qual volta sarà eseguita, lo sarà in modalità debug. Per ritornare all'esecuzione standard basterà applicare la funzione undebug() corrispondente.

Allora, quando una funzione è etichettata per il debug, non è eseguita più nel solito modo. Al contrario, ogni istruzione presente nella funzione è eseguita singolarmente e l'utente ne può controllare il risultato. Dopo che un'istruzione è eseguita, la funzione sospende l'esecuzione del codice e l'utente è libero di interagire con l'ambiente. Questo tipo di funzionalità è ciò che la maggior parte dei programmatori chiamano debugging.

Per comprenderne il funzionamento, analizziamo nel dettaglio la funzione seguente:

```
funzione <- function() {
  riga1 <- c("Eseguiamo il debbugging del programma, ")
  riga2 <- c("utilizzando la funzione debug() ")
  riga3 <- c("che rappresenta il DeBugger di R ")
  frase <- paste(riga1 , riga2 , riga3)
  print(frase)
}
```

Si tratta di una funzione che date tre stringhe di testo immagazzinate in altrettante variabili, ne esegue la concatenazione per poi stampare la frase ottenuta a video. Vediamo cosa accade al prompt quando essa è eseguita:

```
> funzione()
[1] "Eseguiamo il debugging del programma,   utilizzando la funzione
debug()  che rappresenta il DeBugger di R "
>
```

Analizziamo, allora, il codice grazie all'ausilio della funzione de-
bug(). Per fare questo invochiamo la funzione debug(), dopodiché
richiamiamo la funzione appena creata:

```
> debug(funzione)
> funzione()
debugging in: funzione()
debug at #1: {
    riga1 <- c("Eseguiamo il debugging del programma, ")
    riga2 <- c("utilizzando la funzione debug() ")
    riga3 <- c("che rappresenta il DeBugger di R ")
    frase <- paste(riga1, riga2, riga3)
    print(frase)
}
Browse[2]>
```

Com'è possibile notare la funzione debug() stampa il corpo della
funzione, dopodiché il prompt rimane in attesa di input da parte
dell'utente. A questo punto per eseguire la linea corrente di codice basterà digitare il carattere n e premere il tasto invio oppure
più semplicemente premere solo il tasto invio.

```
Browse[2]> n
debug at #2: riga1 <- c("Eseguiamo il debugging del programma, ")
Browse[2]> n
debug at #3: riga2 <- c("utilizzando la funzione debug() ")
Browse[2]> n
debug at #4: riga3 <- c("che rappresenta il DeBugger di R ")
Browse[2]> n
debug at #5: frase <- paste(riga1, riga2, riga3)
Browse[2]> n
debug at #6: print(frase)
Browse[2]> n
[1] "Eseguiamo il debugging del programma,   utilizzando la funzione
debug()  che rappresenta il DeBugger di R "
exiting from: funzione()
>
```

Se invece si vuole eseguire la parte restante del codice, senza
ulteriori interruzioni basterà digitare il carattere c e premere il tasto invio. Questo può essere utile se si è fatto il debug di una
funzione, fino alla riga interessata dal problema e non si vogliono

eseguire le restanti linee.

```
> funzione()
debugging in: funzione()
debug at #1: {
    riga1 <- c("Eseguiamo il debbugging del programma, ")
    riga2 <- c("utilizzando la funzione debug() ")
    riga3 <- c("che rappresenta il DeBugger di R ")
    frase <- paste(riga1, riga2, riga3)
    print(frase)
}
Browse[2]> n
debug at #2: riga1 <- c("Eseguiamo il debbugging del programma, ")
Browse[2]> c
[1] "Eseguiamo il debbugging del programma,   utilizzando la funzione
debug()  che rappresenta il DeBugger di R "
exiting from: funzione()
>
```

Digitando il carattere Q si chiude il debug e si ferma completamente l'esecuzione della funzione:

```
> funzione()
debugging in: funzione()
debug at #1: {
    riga1 <- c("Eseguiamo il debbugging del programma, ")
    riga2 <- c("utilizzando la funzione debug() ")
    riga3 <- c("che rappresenta il DeBugger di R ")
    frase <- paste(riga1, riga2, riga3)
    print(frase)
}
Browse[2]> n
debug at #2: riga1 <- c("Eseguiamo il debbugging del programma, ")
Browse[2]> Q
>
```

Infine, è possibile digitare la parola chiave "where" per mostrare dove ci si trova nello stack di chiamata della funzione. Questo ci consente di tenere traccia dell'esecuzione del codice nel debugger.

```
> funzione()
debugging in: funzione()
debug at #1: {
    riga1 <- c("Eseguiamo il debbugging del programma, ")
    riga2 <- c("utilizzando la funzione debug() ")
    riga3 <- c("che rappresenta il DeBugger di R ")
    frase <- paste(riga1, riga2, riga3)
    print(frase)
}
```

```
Browse[2]> n
debug at #2: riga1 <- c("Eseguiamo il debbugging del programma, ")
Browse[2]> where
where 1: funzione()
```

Oltre ai quattro comandi di base di cui sopra, è anche possibile digitarne altri. Ad esempio, digitando il comando ls() saranno mostrati tutti gli oggetti presenti nell'ambiente locale:

```
> funzione()
debugging in: funzione()
debug at #1: {
    riga1 <- c("Eseguiamo il debbugging del programma, ")
    riga2 <- c("utilizzando la funzione debug() ")
    riga3 <- c("che rappresenta il DeBugger di R ")
    frase <- paste(riga1, riga2, riga3)
    print(frase)
}
Browse[2]> n
debug at #2: riga1 <- c("Eseguiamo il debbugging del programma, ")
Browse[2]> n
debug at #3: riga2 <- c("utilizzando la funzione debug() ")
Browse[2]> ls()
[1] "riga1"
Browse[2]>
```

All'interno dell'ambiente di debugging è altresì anche possibile effettuare delle assegnazioni e creare nuovi oggetti. Com'è logico che sia, tutti i nuovi oggetti creati nell'ambiente locale scompaiono quando si abbandona l'ambiente di debugger.

Se si desidera ispezionare un particolare oggetto nell'ambiente locale, è possibile stampare il suo valore, sia usando la funzione print() o più semplicemente digitando il nome dell'oggetto seguito dal tasto invio:

```
> funzione()
debugging in: funzione()
debug at #1: {
    riga1 <- c("Eseguiamo il debbugging del programma, ")
    riga2 <- c("utilizzando la funzione debug() ")
    riga3 <- c("che rappresenta il DeBugger di R ")
    frase <- paste(riga1, riga2, riga3)
    print(frase)
}
Browse[2]> n
debug at #2: riga1 <- c("Eseguiamo il debbugging del programma, ")
Browse[2]> n
debug at #3: riga2 <- c("utilizzando la funzione debug() ")
```

```
Browse[2]> print(riga1)
[1] "Eseguiamo il debbugging del programma, "
Browse[2]> n
debug at #4: riga3 <- c("che rappresenta il DeBugger di R ")
Browse[2]> riga2
[1] "utilizzando la funzione debug() "
Browse[2]>
```

Se si dispone, nel proprio ambiente, di oggetti con i nomi n, c, o q, allora è necessario utilizzare in modo esplicito la funzione print() per stampare tali valori (ad esempio print(n) o print(c)).

Per eseguire il debug di una funzione che risulta definita all'interno di un'altra funzione, basterà effettuare il debug della funzione principale, anche in un solo passo fino alla fine della sua definizione, e quindi richiamare il debug con il nome della funzione in essa definita. Vediamo l'esempio già trattato in precedenza:

```
f <- function(x) {
  r <- x - g(x)
  r
}
g <- function(y) {
  r <- y * h(y)
  r
}
h <- function(z) {
  r <- log(z)
  if (r < 10)
    r^2
  else r^3
}
```

Analizziamo le funzioni con l'ausilio della funzione debug():

```
> debug(f)
> f(10)
debugging in: f(10)
debug at #1: {
    r <- x - g(x)
    r
}
Browse[2]>
debug at #2: r <- x - g(x)
Browse[2]>
debug at #3: r
Browse[2]>
exiting from: f(10)
```

```
[1] -43.01898
```

In questo caso abbiamo richiamato il debug solo per la funzione f; se invece richiamiamo anche il debug per la funzione g, naturalmente prima che essa sia invocata, accade che:

```
> f(10)
debugging in: f(10)
debug at #1: {
    r <- x - g(x)
    r
}
Browse[2]> debug(g)
Browse[2]>
debug at #2: r <- x - g(x)
Browse[2]>
debugging in: g(x)
debug at #1: {
    r <- y * h(y)
    r
}
Browse[3]>
debug at #2: r <- y * h(y)
Browse[3]>
debug at #3: r
Browse[3]>
exiting from: g(x)
debug at #3: r
Browse[2]>
exiting from: f(10)
[1] -43.01898
>
```

Com'è possibile notare, nel momento in cui la funzione g(x) è invocata, si passa ad eseguire il debug anche di tale funzione, cosa che invece nel caso precedente non accadeva.

La funzione browser()

La funzione browser() ci consente di eseguire una sorta di debugging manuale; nel caso in cui non fosse possibile eseguire il debugging linea per linea oppure nel caso avvertissimo particolari esigenze possiamo optare per la soluzione manuale. La funzione browser() può essere utilizzata per sospendere l'esecuzione di una funzione in modo che l'utente possa navigare nell'ambiente locale. Applichiamo tale funzione in un esempio specifico:

```
funzione <- function() {
  var1 <- c(10)
  var2 <- c(20)
  var3 <- c(30)
  somma <- sum(var1 , var2 , var3)
  browser()
  print(somma)
}
```

Dopo aver definito la funzione e aver inserito la chiamata alla funzione browser(), vediamo cosa accade quando essa è invocata:

```
> funzione()
Called from: funzione()
Browse[1]> var1
[1] 10
Browse[1]> ls()
[1] "somma" "var1"  "var2"  "var3"
Browse[1]> var1
[1] 10
Browse[1]> var2
[1] 20
Browse[1]> var3
[1] 30
Browse[1]> somma
[1] 60
Browse[1]>
```

È possibile notare che l'esecuzione si blocca dando la possibilità all'utente di esplorare l'ambiente di lavoro; nel nostro caso abbiamo stampato a video l'elenco degli oggetti disponibili, tramite la funzione ls(), quindi abbiamo richiamato tutti gli oggetti per leggerne i relativi valori.

La funzione trace()

La funzione trace() è molto utile per inserire del codice di debug (ad esempio, una chiamata alla funzione browser()) in punti specifici di qualsiasi funzione, senza apportare modifiche significative alla funzione. Inoltre, è particolarmente utile se avvertiamo l'esigenza di rintracciare un errore che si è verificato in una funzione di base. Questo giacché le funzioni di base non possono essere modificate da parte dell'utente standard, allora trace() rappresenta l'unica opzione disponibile per effettuare tali modifiche. Per annullare l'azione di tale funzione è necessario applicare la funzione untrace().

Vediamo il suo utilizzo in un esempio già visto in precedenza, si tratta di una serie di funzioni definite all'interno di altre funzioni:

```
f <- function(x) {
  r <- x - g(x)
  r
}
g <- function(y) {
  r <- y * h(y)
  r
}
h <- function(z) {
  r <- log(z)
  if (r < 10)
    r^2
  else r^3
}
```

In esse la funzione h() rappresenta quella più interna, cioè quella che è richiamata per ultima. Allora eseguiamo il tracciamento di tale funzione:

```
> trace(h)
> f(10)
trace: h(y)
[1] -43.01898
> untrace(h)
>
```

La funzione trace(), in questo modo tiene semplicemente traccia dell'utilizzo della funzione di cui abbiamo richiesto appunto il tracciamento.

```
> trace("h", quote( { browser() }), at=3, print=F)
[1] "h"
> f(10)
Called from: eval(expr, envir, enclos)
Browse[1]> n
debug: if (r < 10) r^2 else r^3
Browse[2]>
debug: r^2
Browse[2]>
[1] -43.01898
> untrace(h)
```

In quest'altro caso abbiamo ancora una volta richiesto il tracciamento della funzione h(), ma aggiungendo degli argomenti: infatti abbiamo richiesto l'applicazione della funzione browser() a partire dalla terza riga della funzione.

Passiamo ora a trattare il caso in cui aggiungiamo del nuovo codice alla nostra funzione, senza peraltro modificare il suo sorgente; nell'esempio che segue utilizzeremo ancora una volta le funzioni definite in precedenza, ma questa volta inseriremo la stampa di una frase oltre alla chiamata della funzione browser():

```
> trace("h", quote({print("Ho aggiunto una nuova riga al codice");
          browser() }), at=2, print=F)
[1] "h"
> f(10)
[1] "Ho aggiunto una nuova riga al codice"
Called from: eval(expr, envir, enclos)
Browse[1]> n
debug: r <- log(z)
Browse[2]>
debug at #3: if (r < 10) r^2 else r^3
Browse[2]>
debug at #3: r^2
Browse[2]>
[1] -43.01898
>
```

Possiamo notare che la funzione trace() inserisce la stampa della frase "Ho aggiunto una nuova riga al codice" in corrispondenza della seconda riga della funzione h() e a partire da tale riga applica la funzione browser().

Capitolo ottavo
Visualizzazione dei dati

Nei capitoli precedenti abbiamo descritto, in modo dettagliato, le specifiche previste da R per una corretta programmazione. I dati elaborati da un programma R, dovranno essere in seguito correttamente interpretati al fine di ricavare informazioni utili sul processo che in questo modo si è voluto simulare. Per fare questo è necessario avere un ambiente visuale, che ci permetta di riportare i dati elaborati, ma che allo stesso tempo ci consenta di eseguire su di essi opportune manipolazioni per ricavare importanti indicazioni sull'evoluzione del fenomeno.

Creazione di grafici

Per iniziare, vedremo la funzione fondamentale per la creazione di grafici e cioè la funzione plot(). Analizzeremo poi nel dettaglio la procedura per la costruzione di un grafico, come, cioè, aggiungere linee e punti e una leggenda.

La funzione plot() costituisce la base per gran parte delle operazioni grafiche in ambiente R, attraverso il suo utilizzo possiamo gestire la produzione di molti tipi di grafici.

Per creare un diagramma utilizzeremo la funzione plot(), che ha però forme diverse dipendenti dagli argomenti d'input. Se y è un vettore, plot(y) produce un grafico lineare degli elementi di y contro l'indice degli elementi di y.

```
y<-c(10,20,30,40,50)
plot(y)
```

Che produce il grafico riportato nella Figura 8.1.

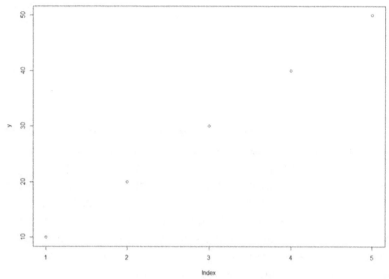

Figura 8.1 – Esempio di grafico con la funzione plot().

Nella Figura 8.1 è possibile notare che i punti del grafico sono indicati da cerchi vuoti. Se lo si desidera, è possibile utilizzare un tipo di carattere diverso (marcatore) per la rappresentazione dei punti, per fare questo basterà specificare un valore diverso per l'argomento pch (di default il valore è pari a uno che corrisponde al cerchio vuoto). Alcuni marcatori disponibili e il relativo codice sono riportati nella Figura 8.2.

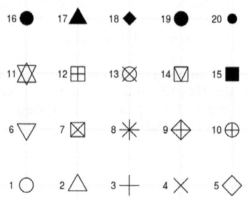

Figura 8.2 – Alcune tipologie di marcatori con relativo codice pch.

Se si specificano invece due vettori come argomenti, `plot(x,y)`, si produce un grafico di y contro x. Per esempio, per diagrammare il valore della funzione `sin` da 0 a 2 *π, utilizzeremo la seguente notazione (in questo caso specificheremo un valore specifico per l'argomento pch):

```
x<-seq(from=0, to=2*pi, by=0.1)
y=sin(x)
plot(x,y,pch=15)
```

Che produce il grafico riportato nella Figura 8.3.

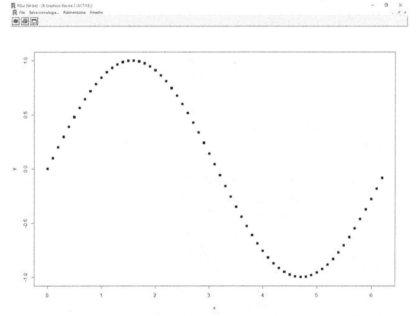

Figura 8.3 – Esempio di grafico di due vettori con marcatore specifico.

Com'è possibile verificare in pratica, il comando `plot()` apre automaticamente una nuova finestra sullo schermo (Figura 8.3), in cui compare il grafico appena tracciato; impariamo a conoscere e ad utilizzare tale finestra. In essa, nella parte alta, compare una barra degli strumenti che ci permette di eseguire alcune semplici operazioni (Figura 8.4).

Attraverso l'utilizzo dei pulsanti in essa presenti possiamo eseguire in modo immediato le seguenti operazioni:

- Restituire il focus alla console.
- Stampare il grafico.
- Copiare il grafico negli appunti come metafile.

Restituire il focus alla console.

Stampare il grafico.

Copiare il grafico negli appunti come metafile.

Figura 8.4 – Toolbar per la navigazione interattiva.

Sono disponibili inoltre una serie di menu che ci consentono di eseguire sul nostro grafico una serie di operazioni:
- File
- Salva cronologia
- Ridimensiona
- Finestre

Il comando `plot()` si dimostra estremamente versatile, in quanto richiede un numero arbitrario di argomenti. Ad esempio, per tracciare dei valori di `y` in corrispondenza di precisi valori di `x`, e unirli attraverso dei segmenti di linea è possibile eseguire il comando seguente:

```
> plot(c(1,2,3,4), c(1,8,27,64), type="c", pch=19)
```

Che produce il grafico riportato nella Figura 8.5. Per ogni coppia di valori x, y, vi è il terzo valore opzionale che indica il tipo di grafico mentre il quarto valore opzionale indica il tipo di marcatore.

Questo poiché finora ci siamo limitati a tracciare dei semplici punti nel grafico, ma com'è ovvio che sia, R è in grado di fare ben altro. Per impostare il tipo di grafico da tracciare è disponibile il parametro `type`, vediamo quali opzioni abbiamo a disposizione:
- "p" per disegnare punti;

- "l" per disegnare linee;
- "b" per entrambi, in realtà traccia segmenti di linea inter-vallati dai punti;
- "c" per disegnare solo la parte relativa alle linee;
- "o" per entrambi senza discontinuità;
- "h" per disegnare un istogramma (con la opzione o per tracciarlo ad alta densità) con linee verticali;
- "s" per disegnare un grafico a scalini;
- "S" per disegnarlo con altre misure;
- "n" per nessun grafico.

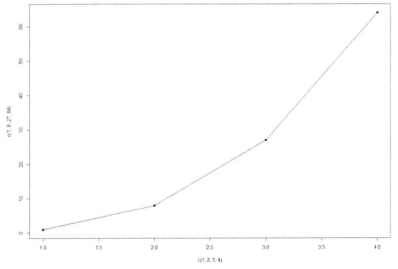

Figura 8.5 – Tracciamento di quattro punti nel piano.

Nel caso volessimo tracciare il grafico in un colore diverso da quello di default che è rappresentato dal nero, dovremmo sem-plicemente indicarlo impostando l'opportuno parametro; le op-zioni che specificano i colori sono le seguenti:

- col="" colore degli elementi grafici tracciati ;
- col.axis colore per l'asse di annotazione;
- col.lab colore per le etichette degli assi X e Y;
- col.main colore per i titoli;
- col.sub colore per i sottotitoli;

È possibile specificare i colori in R indicandone l'indice numerico, il nome, il codice esadecimale, o il codice RGB.

Ad esempio i seguenti valori sono equivalenti:

- col = 1,
- col = "white"
- col = "# FFFFFF".

Ad esempio, se avessimo voluto tracciare il valore della funzione sin da 0 a 2 *π, con una linea di colore rosso avremmo dovuto utilizzare la seguente notazione:

```
x<-seq(from=0, to=2*pi, by=0.1)
y=sin(x)
plot(x, y, type="o",col="red", pch=19)
```

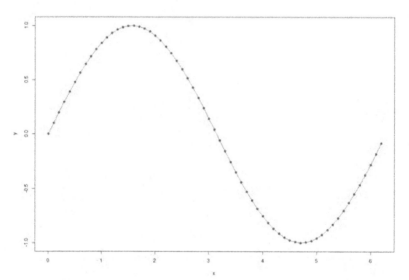

Figura 8.6 – Funzione sin(x) tracciata di colore rosso.

Si possono poi ottenere grafici multipli attraverso diverse coppie di valori x-y, utilizzando dapprima la funzione plot() per il primo grafico ed aggiungendo poi le successive curve utilizzando la funzione lines(). Vediamo come in un semplice esempio:

```
> plot(x, y, type="l",col="red")
> lines(x-0.5, y,col="blue")
> lines(x-0.9, y,col="yellow")
> lines(x-1.3, y,col="green")
```

In questo modo abbiamo tracciato quattro sinusoidali scandite da un opportuno ritardo nella fase, attraverso l'adozione di colori diversi per distinguerle.

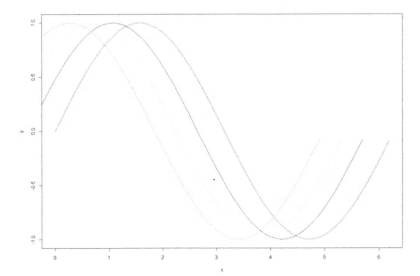

Figura 8.7 – Grafici multipli.

Il motivo che ci ha imposto l'utilizzo della funzione `lines()` è dovuto al fatto che ogni volta che si chiama la funzione `plot()`, direttamente o indirettamente, la finestra del grafico corrente sarà sostituita da quella contenente il nuovo grafico, perdendo in questo modo quello precedente.

Se non si desidera che ciò accada, sarà necessario utilizzare uno specifico comando per ogni sistema operativo:

- sui sistemi Linux, X11().
- sui sistemi Mac, macintosh().
- sui sistemi Windows, windows().

Per esempio, supponiamo che si desideri tracciare due delle sinusoidi appena tracciate e visualizzarle fianco a fianco. Per fare questo su un sistema Windows, basterà digitare il seguente comando:

```
> plot(x, y, type="l",col="red")
> windows()
> plot(x-0.5, y, type="l",col="blue")
```

Che produce i grafici riportati nella Figura 8.8; per meglio apprezzare i risultati, le due finestre sono state affiancate verticalmente facendo uso del menu Finestre disponibile nella Gui di R.

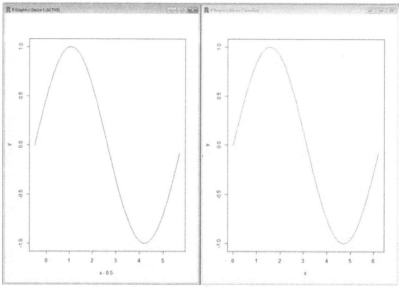

Figura 8.8 – Diverse finestre delle figure.

Nelle pagine precedenti abbiamo visto come aggiungere in una figura delle curve supplementari; in modo del tutto analogo è possibile aggiungere a un grafico già tracciato, dei punti, attraverso l'impiego della funzione points().

La funzione points(), appunto, aggiunge una serie di punti di coordinate (x,y), con relative etichette per ciascuna coppia, alla finestra del grafico attualmente visualizzata. Ad esempio, supponiamo di aver inserito il seguente comando:

```
> x<-seq(from=0, to=2*pi, by=0.1)
> y=sin(x)
> plot(x, y, type="l",col="red")
> points(0:6, rep(0.5, 7), pch = 4)
```

In questo modo aggiungiamo, alla rappresentazione grafica di una sinusoide, una serie di punti con ascissa che varia da 0 a 6 con passo unitario e ordinata pari a 0.5; ogni punto sarà rappresentato con marcatore avente codice pch=4.

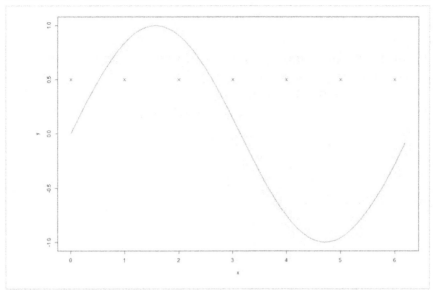

Figura 8.9 – Aggiunta di punti ad un grafico esistente.

Grafici multipli

R ci permette di mostrare grafici multipli nella stessa finestra o di stamparli sullo stesso foglio, in modo semplice ed efficace. Infatti, le funzioni par() e layout() ci consentono, in maniera differente di realizzare dei grafici complessi. Con la funzione par(), è possibile includere l'opzione mfrow=c(nrows,ncols) per creare una matrice di n righe ed n colonne, in cui sono collocati i grafici attraverso un ordine che in tal caso segue le righe, mentre l'opzione mfcol=c(nrows,ncols) distribuisce i grafici nella matrice per colonne.

I grafici sono disposti prima lungo la prima riga della finestra, poi lungo la seconda riga e così via. Per esempio, per scomporre il tracciato di dati in quattro subregioni diverse della finestra e per tracciare in ogni cella della matrice, i grafici delle funzioni sin, cos, tan e atan, si eseguono le seguenti linee di codice:

```
> x<-seq(from=0, to=2*pi, by=0.1)
> par(mfrow=c(2,2))
> plot(x, sin(x), type="l",col="red")
> plot(x, cos(x), type="l",col="blue")
> plot(x, tan(x), type="l",col="red")
```

```
> plot(x, atan(x), type="l",col="blue")
```

In questo modo si trasforma la finestra del grafico in una matrice 2 x 2 di piccoli grafici e s'inseriscono i grafici creati con i successivi comandi, uno per volta, seguendo un ordine per righe, nel senso che si occupa prima la prima riga e poi si passa alla successiva.

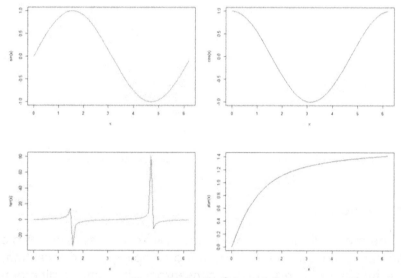

Figura 8.10 – Grafici multipli.

Come abbiamo visto, è possibile creare più figure utilizzando il comando windows(), in questo modo le figure successive saranno visualizzate in finestre differenti individuate da un numero crescente. Naturalmente, ogni figura potrà contenere un qualsivoglia numero di grafici multipli.

```
> x<-seq(from=0, to=2*pi, by=0.1)
> par(mfrow=c(2,1))
> plot(x, sin(x), type="l",col="red")
> plot(x, cos(x), type="l",col="blue")
> windows()
> par(mfrow=c(2,1))
> plot(x, tan(x), type="l",col="red")
> plot(x, atan(x), type="l",col="blue")
>
```

In questo modo si ottengono le finestre riportate nella Figura

8.11. In essa è possibile notare come le finestre siano numerate con numeri crescenti: R Graphics Device 2, R Graphics Device 3.

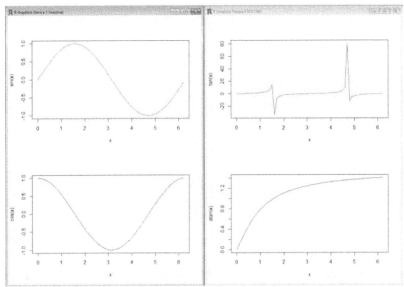

Figura 8.11 – Visualizzazione di grafici in finestre diverse.

Analizziamo, a questo punto, la funzione layout() che divide la finestra, atta a contenere i grafici (R Graphics Device), in tante righe e colonne quante sono indicate in una matrice, con le larghezze di colonna e le altezze di riga specificate nei rispettivi argomenti.

Per comprenderne il funzionamento riutilizzeremo l'esempio, appena visto, andando a sistemare i grafici delle funzioni sin, cos, tan e atan, in modo che occupino le celle di una matrice con tre righe e due colonne:

```
> layout(matrix(c(1,1,2,2,3,4), 3, 2, byrow = TRUE))
> x<-seq(from=0, to=2*pi, by=0.1)
> plot(x, sin(x), type="l",col="red")
> plot(x, cos(x), type="l",col="blue")
> plot(x, tan(x), type="l",col="red")
> plot(x, atan(x), type="l",col="red")
```

Che produce il grafico riportato nella Figura 8.12.

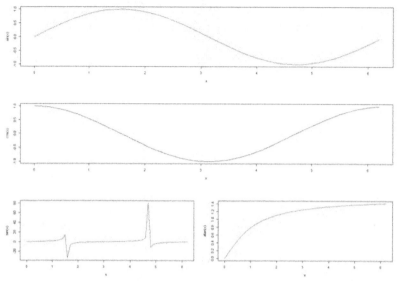

Figura 8.12 – Visualizzazione di grafici attraverso la funzione layout().

La distribuzione dei grafici avviene grazie all'utilizzo della funzione layout(), che nel nostro caso assume la seguente forma:

```
> layout(matrix(c(1,1,2,2,3,4), 3, 2, byrow = TRUE))
```

Analizziamola nel dettaglio, attraverso l'utilizzo della funzione matrix(), abbiamo definito una matrice con tre righe e due colonne (si tratta dei due numeri che compaiono come singoli argomenti), mentre il vettore seguente:

```
c(1,1,2,2,3,4)
```

ci è servito per specificare che le prime due celle della prima riga saranno entrambe occupate dal primo grafico, le successive due celle della seconda riga saranno entrambe occupate dal secondo grafico, infine le ultime due celle della terza riga saranno occupate nell'ordine dal terzo grafico e dal quarto.
Nell'utilizzo della funzione matrix(), infine, abbiamo impostato l'ordine con cui saranno occupate le cella secondo le righe:

```
byrow = TRUE
```

Inoltre, è possibile impostare le larghezze e le altezze delle singole celle della matrice, quali argomenti della funzione layout(), tutto questo al fine di controllare la dimensione di ogni figura con maggiore precisione. Queste opzioni assumono la seguente forma:

* widths = vettore di valori per la larghezza delle colonne;
* heights = vettore di valori per le altezze delle righe.

Larghezze relative possono essere specificate attraverso valori numerici, mentre larghezze assolute (in centimetri) possono essere specificate con la funzione di lcm(). Cosa analoga avviene per le altezze di riga.

Vediamo come sempre un esempio.

```
> layout(matrix(c(1,1,2,3), 2, 2, byrow = TRUE),
        widths=c(3,1), heights=c(1,2))
> plot(x, sin(x), type="l",col="red")
> plot(x, cos(x), type="l",col="blue")
> plot(x, tan(x), type="l",col="red")
>
```

Che produce il grafico riportato nella Figura 8.13. Analizzando il codice possiamo individuare l'impostazione dei parametri widths e heights.

```
widths=c(3,1)
heights=c(1,2)
```

Come già detto il primo parametro widths ci consente di impostare la larghezza delle colonne, nel nostro caso stiamo stabilendo che la prima colonna dovrà essere tre volte più grande della seconda (larghezze relative).

Il secondo parametro heights, che ci consente di impostare l'altezza delle righe, nel nostro caso impone che la seconda riga sia il doppio rispetto alla prima. Di tutto questo troviamo conferma nell'analisi della Figura 8.13.

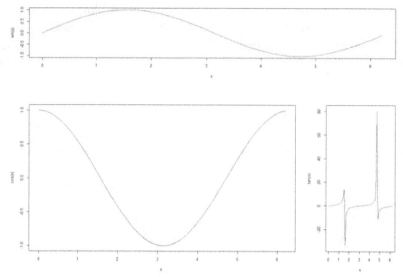

Figura 8.13 – Larghezze e altezze diverse per colonne e righe.

Impostazione degli assi di un grafico

La funzione `axis()` ci permette di manipolare gli assi del nostro grafico. Essa possiede opzioni per personalizzare la misurazione in scala, l'orientamento e il rapporto d'aspetto dei tracciati. La funzione calcola i massimi e i minimi dei dati, sceglie una plotbox adatta e identifica gli assi con delle etichette (label).

La sintassi della funzione è la seguente:

```
axis(side, at=, labels=, pos=, lty=, col=, las=, tck=, ...)
```

con gli argomenti che assumono il seguente significato:
- `side` = un intero che indica il lato del grafico da cui partire per disegnare l'asse (1 = basso, 2 = sinistra, 3 = alto, 4 = destra);
- `at` = un vettore numerico che indica dove dovrebbero essere posizionati i segni di gradazione;
- `labels` = un vettore di carattere contenente le etichette da posizionare sui rispettivi segni di gradazione;
- `pos` = la coordinata in cui la linea dell'asse deve essere disegnato;

- `lty` = tipo di linea;
- `col` = linea e colore del contrassegno;
- `las` = indicazione dell'orientamento dell'etichette rispetto all'asse (parallele se = 0 o perpendicolare se = 2;
- `tck` = lunghezza del segno di gradazione.

Se vogliamo creare un asse personalizzato, dobbiamo provvedere a sopprimere l'asse generato automaticamente dalla funzione `plot()`. Per fare questo possiamo utilizzare l'opzione `axes= FALSE`, che sopprime sia l'asse x che y. Mentre se vogliamo sopprimere separatamente i due assi possiamo utilizzare le opzioni `xaxt = "n"` e `yaxt = "n"` che sopprimono separatamente e rispettivamente x e y. Vediamo un esempio.

```
> x<-seq(from=0, to=2*pi, by=0.1)
> plot(x, sin(x))
> windows()
> plot(x, sin(x),yaxt="n")
> axis(2, at=c(-x,x),labels=c(-x,x), col.axis="red", las=2)
>
```

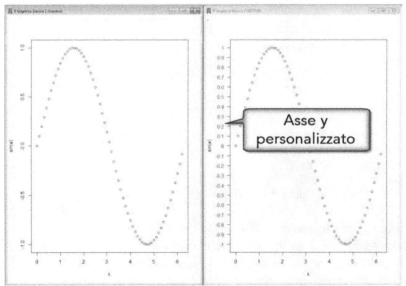

Figura 8.14 – Personalizzazione di un asse.

In questo esempio abbiamo provveduto a tracciare un grafico della funzione `sin(x)`, dapprima lasciando le impostazioni di default per entrambi gli assi, in seguito abbiamo personalizzato l'asse delle ordinate attraverso l'impiego della funzione axis().

Titolo, etichette degli assi e testo

La funzione title() aggiunge un titolo nella parte alta della figura, in essa attraverso l'impostazione dei parametri xlabel() e ylabel() è possibile aggiungere etichette agli assi x e y, infine attraverso la funzione text() s'inserisce testo ovunque nella figura. La sintassi della funzione title() è la seguente:

```
title(main="titolo principale", sub="sottotitolo",
      xlab="etichetta asse x", ylab=" etichetta asse y")
```

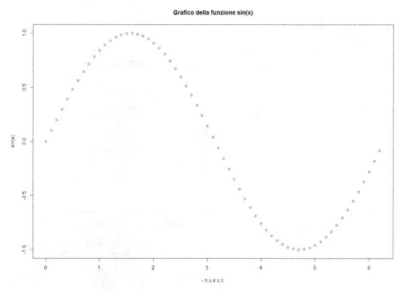

Figura 8.15 – Titolo ed etichette degli assi.

L'esempio seguente usa la notazione phantom("")<=phantom("") per rappresentare il simbolo <=, la notazione pi per rappresentare il simbolo π e, infine, la notazione italic(x) per rappresentare il testo in stile corsivo; in ogni caso è necessario inserire tali notazioni all'interno della funzione expression(), ed utilizzare la funzione paste() per la concatenazione del testo:

```
> x<-seq(from=0, to=2*pi, by=0.1)
```

```
> y=sin(x)
> plot(x,y,ann=FALSE)
> title(main="Grafico della funzione sin(x)",
        xlab=expression(paste(-pi, phantom()<=phantom(),
        italic(x), phantom("")<=phantom(""), pi)), ylab="sin(x)")
>
```

Ottenendo in questo modo la Figura 8.15.

Per quanto riguarda l'inserimento del testo, possiamo avvalerci delle funzione text() e mtext(). La prima funzione inserisce del testo all'interno dell'area grafica mentre la seconda lo inserisce in uno dei quattro margini. La sintassi della funzione text() è la seguente:

```
text(location, "testo da inserire", pos, ...)
```

dove:
- location = indica la posizione in cui inserire il testo. Tale posizione si specifica indicando la x e la y, tenendo in conto i limiti degli assi che sono stati specificati.
- pos = posizione a partire dalla quale si misurano le coordinate inserite in location (1 = basso, 2 = sinistra, 3 = sopra, 4 = destra).

Vediamo un altro semplice esempio, in cui ci limiteremo ad inserire un'annotazione all'interno dell'area del grafico della funzione sinusoidale:

```
> x<-seq(from=0, to=2*pi, by=0.1)
> y=sin(x)
> plot(x,y,ann=FALSE)
> title(main="Grafico della funzione sin(x)",
        xlab=expression(paste(-pi, phantom()<=phantom(),
        italic(x), phantom("")<=phantom(""), pi)), ylab="sin(x)")
> text(1,-.5,"Funzione dispari")
>
```

Ottenendo in questo la Figura 8.16.

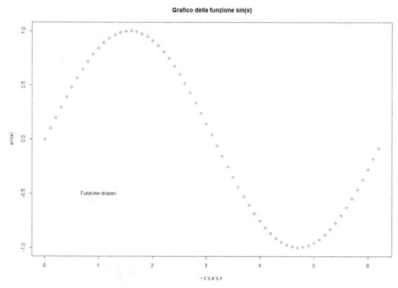

Figura 8.16 – Inserimento di annotazioni

Possiamo altresì inserire del testo nel nostro grafico utilizzando la funzione mtext(), che ci permette di inserire del testo nei margini dell'area grafica. La sintassi della funzione è la seguente:

```
mtext("testo da inserire ", side, line=n, ...)
```

dove:
- side = indica la posizione in cui inserire il testo (1 = in basso, 2 = a sinistra, 3 = sopra, 4 = a destra).

Vediamo in un esempio, come inserire un'annotazione sul margine superiore dell'area del grafico della funzione sinusoidale:

```
> x<-seq(from=0, to=2*pi, by=0.1)
> y=sin(x)
> plot(x,y)
> mtext("Funzione dispari",side=3)
>
```

Possiamo valutare l'efficacia di tale operazione analizzando il grafico riportato nella Figura 8.17.

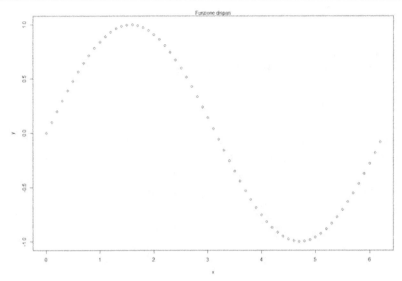

Figura 8.17 – Inserimento di annotazioni nel margine superiore della figura.

Salvare un grafico

Una volta realizzato un grafico, potremmo avvertire l'esigenza di salvare la figura creata, magari con l'intento di poterla utilizzare in un'altra applicazione oppure per inserirla in una presentazione o ancora per realizzare una relazione corredata dai grafici realizzati con R.

Poiché R funziona su molti sistemi operativi, e supporta così tanti formati grafici diversi, non è sorprendente che ci siano tanti modi di salvare i grafici, secondo il sistema operativo in uso e della destinazione del grafico. In ogni caso, il primo passo per decidere come salvare un grafico è di decidere il formato di output che si desidera utilizzare. Di seguito sono elencati alcuni dei formati disponibili:

- JPG
- PNG
- WMF
- PDF
- Postscript

Il display grafico dell'ambiente R può essere costituito da diversi dispositivi grafici. Il predefinito dispositivo è lo schermo, ma se si desidera salvare un grafico in un file, è necessario impostare un altro dispositivo.

Un metodo generale che funziona su qualsiasi computer, indipendentemente dal sistema operativo o il modo in cui ci si connette, prevede le seguenti operazioni.

Sceglieremo dapprima il formato in cui vogliamo salvare il nostro lavoro. In questo esempio, salveremo un grafico come file JPG, quindi useremo il driver jpeg. L'unico argomento di cui necessitano i driver di periferica è il nome del file che si intende utilizzare per salvare il grafico. Ricordate che il vostro grafico sarà memorizzato nella directory corrente. Potete trovare la directory corrente digitando il comando getwd() al prompt di R.

Si consiglia di apportare modifiche alle dimensioni della finestra prima di salvarlo. Dopodiché basterà inserire i comandi per tracciare il grafico, come si farebbe normalmente. In questo caso non saranno effettivamente visualizzati, infatti i comandi saranno salvati in un file.

Dopo aver inserito tutti i comandi per realizzare correttamente il nostro grafico, sarà necessario immettere il comando dev.off(). Tale comando è molto importante poiché senza di esso si otterrà un grafico parziale o proprio nulla. In definitiva, se si desidera salvare in un file con estensione .jpg chiamato "grafico.jpg", il grafico della nostra funzione sinusoidale, dovremo digitare i seguenti comandi:

```
> x<-seq(from=0, to=2*pi, by=0.1)
> y=sin(x)
> jpeg('grafico.jpg')
> plot(x,y)
> dev.off()
>
```

Capitolo nono
Tipologie di grafici

Il modo più immediato per analizzare dei dati è quello di visualizzarli attraverso la creazione di opportuni grafici, che a seconda della natura delle osservazioni effettuate, possono fornire importanti informazioni. Sappiamo, però, che per ottenere le informazioni a noi necessarie, non è possibile fare ricorso sempre alla stessa tipologia di grafico, ma a seconda del tipo di dato che abbiamo a disposizione ed in funzione dell'analisi che vogliamo condurre sarà necessario avvalersi del diagramma più indicato. A tal proposito, l'ambiente R ci mette a disposizione gli strumenti adatti alla creazione di tutte le tipologie di grafici. In questo capitolo impareremo ad utilizzare tali strumenti, diversificando le procedure a seconda della tipologia di grafico.

Grafici a barre

I grafici a barre (bar plot) o ortogrammi sono costituiti da rettangoli (barre) aventi larghezza arbitraria, ma costante, e altezza proporzionale alla caratteristica che si vuole rappresentare. Normalmente un grafico a barre presenta sull'asse orizzontale le etichette che identificano le classi in cui è stata suddivisa la popolazione oggetto di studio e sull'asse verticale è conteggiata la caratteristica contenuta dalle varie classi.

In un grafico a barre, allora, tutte le classi hanno la stessa ampiezza; così in ascissa si indicano gli estremi o i valori medi di ogni classe, tale scelta assume importanza trascurabile perché in questo caso non ha rilevanza quanto sia largo il rettangolo, in ordinata invece si indicano semplicemente la numerosità o la frequenza.

Un grafico a barre quindi, mostra la distribuzione (cioè la frequenza) di una variabile categoriale attraverso delle barre verticale o orizzontali. Nella sua forma più semplice, la sintassi della funzione barplot () è la seguente:

```
barplot(height)
```

dove il termine height sta a rappresentare un vettore o matrice contenente i dati che si desidera rappresentare graficamente.

Se height è un vettore, i suoi valori rappresentano le altezze delle barre presenti nel grafico, in questo modo è prodotto un grafico a barre verticali. Se invece inseriamo l'opzione horiz = TRUE produciamo un grafico a barre orizzontali. È inoltre possibile aggiungere opzioni per inserire delle annotazioni: l'opzione main, ad esempio aggiunge un titolo al grafico, mentre le opzioni xLab e ylab aggiungono delle etichette agli assi x e y, rispettivamente.

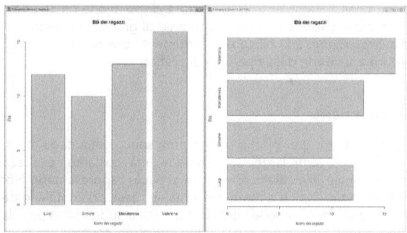

Figura 9.1 – Grafici a barre verticali ed orizzontali.

Per analizzare il nostro primo esempio costruiamo dapprima un vettore contenente le età di quattro ragazzi:

```
> vettore<-c(Luigi=12,Simone=10,Mariateresa=13,Valentina=16)
> vettore
      Luigi    Simone Mariateresa  Valentina
         12        10          13         16
>
```

Utilizziamo a questo punto tale vettore per costruire il nostro primo grafico a barre:

```
> barplot(vettore,main="Età dei ragazzi",xlab="Nomi dei ragazzi",
    ylab="Età")
> windows()
> barplot(vettore,main="Età dei ragazzi",xlab="Nomi dei ragazzi",
    ylab="Età",horiz=TRUE)
```

Abbiamo in questo modo tracciato due grafici con barre verticali ed orizzontali (Figura 9.1), avendo impostato, nel secondo caso, l'opzione horiz pari a TRUE.

Se la variabile categoriale da tracciare è un oggetto del tipo factor, è possibile creare un grafico a barre verticali rapidamente con la funzione plot(). A tal proposito utilizziamo l'esempio già visto nel cap. 3 quando abbiamo definito questo nuovo tipo di dato.

```
> colore.capelli <- factor(c( "castano", "nero", "bianco", "biondo",
"nero","castano","biondo", "nero","biondo", "castano", "nero","biondo"))
> colore.capelli
 [1] castano nero    bianco biondo nero    castano biondo nero
 [9] biondo  castano nero   biondo
Levels: bianco biondo castano nero
```

A questo punto tracciare un grafico a barre rappresenta davvero un gioco da ragazzi, infatti utilizzando il comando seguente:

```
> plot(colore.capelli)
>
```

si produce il grafico presente nella Figura 9.2.

Passiamo ora a vedere come tracciare un grafico a barre impilate; questo tipo di grafico consente di confrontare il contributo percentuale di ciascun valore al totale, tutto questo per diverse categorie. Tale tipo di grafico si può tracciare sempre con l'ausilio della funzione barplot(); infatti se l'argomento di tale funzione è una matrice piuttosto che un vettore, il grafico risultante sarà un grafico a barre impilate o raggruppate.

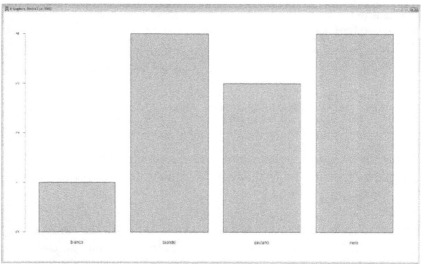

Figura 9.2 – Grafico a barre verticali con la funzione plot().

Se l'argomento beside= FALSE, che rappresenta l'impostazione predefinita, ogni colonna della matrice produce una barra nel grafico, con i valori presenti nella colonna che rappresentano delle
porzioni di ogni singola barra. Se invece beside=TRUE, ciascuna colonna della matrice rappresenta un gruppo, ed i valori in ogni
colonna sono affiancati anziché impilati.

Analizziamo a questo punto un esempio, tracciando un grafico
che mostra le vendite di autovetture di lusso nei primi tre mesi
dell'anno. Per fare questo, dapprima costruiremo una matrice
che contiene tali dati, quindi utilizzeremo la funzione barplot() per
rappresentarli graficamente.

Ricordiamo a tal proposito che per costruire una matrice è necessario utilizzare la funzione matrix(), mentre per dare un nome alle
righe ed alle colonne utilizzeremo le funzioni rownames() e colna-
mes(). Vediamo come:

```
> matrice<-matrix(c(5,6,4,5,4,3,2,3,2),nrow=3)
> colnames(matrice)<-c("Gennaio","Febbraio","Marzo")
> rownames(matrice)<-c("Ferrari","Porsche","Jaguar")
> matrice
        Gennaio Febbraio Marzo
Ferrari       5        5     2
Porsche       6        4     3
Jaguar        4        3     2
```

```
> barplot(matrice, main="Vendite di auto di lusso",
        xlab="Primi tre mesi dell'anno", col=c("darkblue","red",
        "yellow"),legend = rownames(matrice))
```

Analizziamo il codice appena proposto: dapprima creiamo la matrice contenente i dati andando a sistemare i dati passati in tre righe, quindi nominiamo sia le righe sia le colonne ed infine tracciamo il grafico corredato di titolo, etichette per gli assi e legenda (Figura 9.3).

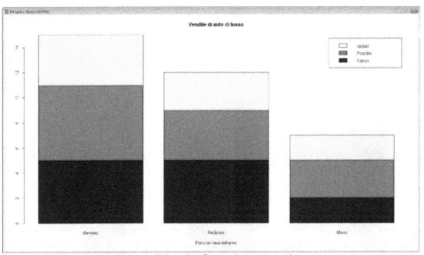

Figura 9.3 – Grafico a barre impilate

Vediamo nel dettaglio gli argomenti della funzione barplot() che abbiamo impostato nell'esempio:

```
main="Vendite di auto di lusso"
```

definisce il titolo;

```
xlab="Primi tre mesi dell'anno"
```

definisce l'etichetta per l'asse delle ascisse;

```
col=c("darkblue","red", "yellow")
```

stabilisce i colori da utilizzare per individuare le porzioni di ogni barra impilata;

```
legend = rownames(matrice)
```

definisce infine una legenda per il grafico.

Nelle pagine precedenti abbiamo detto che l'argomento beside ci consente di scegliere tra grafico a barre impilate e grafico a barre raggruppate; vediamo allora, utilizzando lo stesso esempio, come sia possibile ottenere tale tipologia di grafico (Figura 9.4).

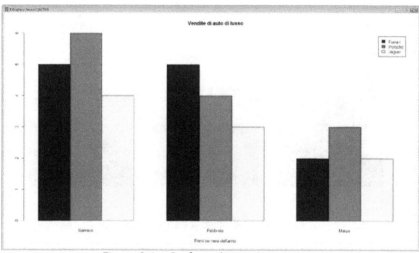

Figura 9.4 – Grafico a barre raggruppate.

```
> matrice<-matrix(c(5,6,4,5,4,3,2,3,2),nrow=3)
> colnames(matrice)<-c("Gennaio","Febbraio","Marzo")
> rownames(matrice)<-c("Ferrari","Porsche","Jaguar")
> matrice
        Gennaio Febbraio Marzo
Ferrari       5        5     2
Porsche       6        4     3
Jaguar        4        3     2

> barplot(matrice, main="Vendite di auto di lusso",
        xlab="Primi tre mesi dell'anno", col=c("darkblue","red",
        "yellow"),legend = rownames(matrice),beside=TRUE)
```

Come abbiamo potuto vedere, i nomi delle colonne della matrice che rappresentano, in entrambi i casi appena visti, le barre impilate e i gruppi di barre, sono stati impostati nella matrice d'origine dei dati. In realtà abbiamo la possibilità di impostarli quale argomento della funzione barplot().

Per fare questo utilizzeremo l'argomento names.arg, ad esempio nel seguente modo:

```
> matrice<-matrix(c(5,6,4,5,4,3,2,3,2),nrow=3)
> matrice
     [,1] [,2] [,3]
[1,]   5    5    2
[2,]   6    4    3
[3,]   4    3    2

> barplot(matrice, main="Vendite di auto di lusso",
         xlab="Secondo  trimestre  dell'anno", col=c("darkblue","red",
         "yellow"),names.arg=c("Aprile","Maggio","Giugno"))
>
```

Abbiamo così fissato i nomi delle barre impilate direttamente nella costruzione del grafico (Figura 9.5).

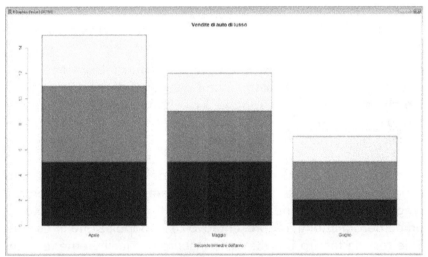

Figura 9.5 – Utilizzo dell'argomento names.arg.

Istogrammi

L'istogramma è la rappresentazione grafica di una distribuzione in classi di un carattere continuo. È costituito da rettangoli adiacenti (bin), le cui basi sono allineate su un asse orientato e dotato di unità di misura (l'asse ha l'unità di misura del carattere e può tranquillamente essere inteso come l'asse delle ascisse). L'adiacenza dei rettangoli dà conto della continuità del carattere. Ogni rettangolo ha base di lunghezza pari all'ampiezza della corrispondente classe; l'altezza invece è calcolata come densità di frequenza, ovvero essa è pari al rapporto fra la frequenza (assoluta) associata alla classe e l'ampiezza della classe.

L'area della superficie di ogni rettangolo coincide con la frequenza associata alla classe cui il rettangolo si riferisce e per tale caratteristica gli istogrammi rappresentano un tipo di areogramma. La somma delle aree dei rettangoli è uguale alla somma delle frequenze dei valori appartenenti alle varie classi.

L'istogramma è quindi una rappresentazione grafica di una distribuzione di frequenza di una certa grandezza, ossia di quante volte in un insieme di dati si ripete lo stesso valore. È possibile creare istogrammi con la funzione hist(), che nella forma più semplice assume la forma:

```
hist(x)
```

dove x rappresenta un vettore di valori numerici. L'opzione freq = FALSE crea un grafico basato su una densità di probabilità, piuttosto che di frequenze. L'opzione breaks controlla il numero di rettangoli. Il valore predefinito produce rettangoli equidistanti nel definire gli elementi dell'istogramma.

Per capire il funzionamento della funzione hist() analizziamo una serie di esempi. Partiremo da un caso semplice in cui andremo a diagrammare una serie di valori derivanti da un test eseguito su un numero di utenti, rappresentativo della popolazione in esame. Tale test ha fornito i risultati che inseriremo quali elementi di un vettore che rappresenterà l'argomento della funzione hist():

```
> vettore<-c(10,25,12,13,33,25,44,50,43,26,38,32,31,28,30)
> hist(vettore)
>
```

Nell'utilizzo della funzione, in questo caso non abbiamo fornito alcun argomento opzionale, così R ha stabilito in modo automatico il numero di classi di frequenze in cui suddividere il range di valori; nella fattispecie l'intervallo tra dieci e cinquanta (valori estremi), è stato suddiviso in quattro classi (Figura 9.6).

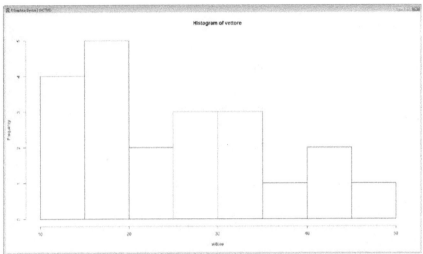

Figura 9.6 – Istogramma di una distribuzione continua.

Inoltre nulla è stato impostato relativamente al titolo del grafico ne all'etichette degli assi, in questo caso R ha inserito dei valori di default che si riferiscono al nome dell'oggetto contenente i dati.
Vediamo invece cosa accade quando impostiamo il numero di bin (rettangoli), un titolo e delle etichette per gli assi e infine il colore che dovranno assumere i rettangoli.

```
> vettore<-c(10,25,12,13,33,25,44,50,43,26,38,32,31,28,30,15,16,
        17,18,19,16)
> hist(vettore,breaks=12,col="red",xlab="Risultati",
        ylab="Frequenza",main="Sondaggio di soddisfazione")
>
```

Analizziamo nel dettaglio gli argomenti passati alla funzione hist():

```
breaks=12
```

ci consente di impostare il numero di bin, nel nostro caso dodici;

```
col="red"
```

imposta il colore dei rettangoli;

```
xlab="Risultati"
```

imposta l'etichetta per l'asse x;

```
ylab="Frequenza"
```

imposta l'etichetta per l'asse y;

```
main="Sondaggio di soddisfazione"
```

infine, imposta il titolo del grafico. Il risultato è riportato nella Figura 9.7).

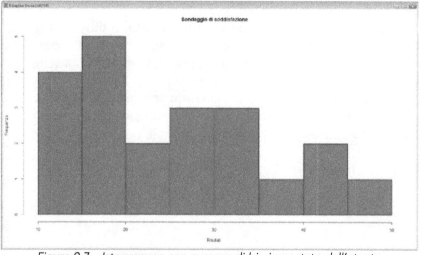

Figura 9.7 – Istogramma con numero di bin impostato dall'utente.

Com'è possibile verificare il numero di bin presenti nel grafico non corrisponde esattamente al numero che abbiamo specificato con l'opzione breaks, questo è dovuto al fatto che R esegue il suo algoritmo per suddividere i dati, e fornisce un numero quanto più vicino a ciò che si desidera. Se si desidera invece un maggiore controllo sul numero esatto dei bin, è possibile indicare i punti di interruzione tra di essi, attraverso, ancora una volta, l'utilizzo dell'opzione breaks(), fornendogli un vettore di punti di interruzione, simile al vettore indicato di seguito:

```
> hist(vettore, breaks=c(10,20,30,40,50),col="red",xlab="Risultati",
      main="Sondaggio di soddisfazione")
>
```

Ottenendo in questo modo una differente ripartizione delle classi, così come riportato nella Figura 9.8.

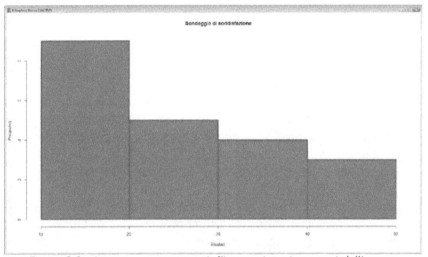

Figura 9.8 – Istogramma con punti d'interruzione impostati dall'utente.

Nell'analisi dei dati, accade spesso di essere maggiormente interessati alla densità di frequenza, rispetto alla frequenza stessa, dal momento che la frequenza è relativa alla dimensione del campione. Allora, invece di contare il numero di occorrenze del campione per classe, R ci può fornire le densità di probabilità utilizzando l'opzione freq = FALSE. Vediamo come:

```
>   hist(vettore,freq=FALSE,col="red",xlab="Risultati",main="Sondaggio
      di soddisfazione")
>
```

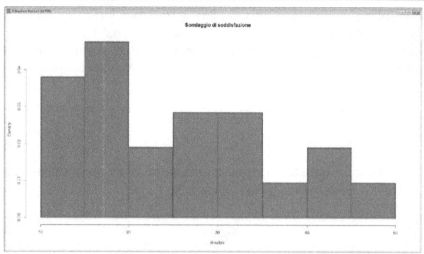

Figura 9.9 – Densità di probabilità.

Dall'analisi della Figura 9.9, possiamo notare che l'asse delle y ora ci fornisce una misura della densità della probabilità che un campione ricada in tale classe. Se i punti d'interruzione sono equidistanti, con breaks = 1, allora l'altezza di ogni rettangolo è proporzionale al numero di punti che ricadono nella classe, e quindi la somma di tutte le densità di probabilità è pari a uno.

Per avere delle informazioni più dettagliate sui risultati che si ottengono dall'applicazione della funzione hist(), possiamo salvare tali dati in una variabile anziché utilizzarli per tracciare il grafico. Possiamo fare questo ponendo l'opzione plot = FALSE, ottenendo in questo modo solo l'output dell'istogramma, non il grafico, verificando così che la somma di tutte le densità sia pari ad 1.

```
> dati.istogramma<-hist(vettore,plot=FALSE)
> dati.istogramma
$breaks
[1] 10 15 20 25 30 35 40 45 50

$counts
[1] 4 5 2 3 3 1 2 1

$density
[1]     0.03809524    0.04761905    0.01904762    0.02857143    0.02857143
        0.00952381 0.01904762 0.00952381

$mids
[1] 12.5 17.5 22.5 27.5 32.5 37.5 42.5 47.5
```

```
$xname
[1] "vettore"

$equidist
[1] TRUE

attr(,"class")
[1] "histogram"
```

Nel nostro caso i punti d'interruzione sono equidistanti, ma breaks non è pari ad 1, quindi l'area dei rettangoli è una frazione dei campioni che rientrano nelle classe. Le densità sono calcolate con la seguente formula:

```
counts/(n*diff(breaks))
```

In questo caso la somma delle densità è pari ad 1 se si aggiungono le aree dei rettangoli, per esempio, si moltiplica ogni densità per la differenza tra i punti d'interruzione ($breaks), utilizzando la seguente istruzione:

```
> sum(diff(dati.istogramma$breaks)*dati.istogramma$density)
[1] 1
>
```

Infine, dedichiamo alcune righe alle impostazioni che ci consentono di rendere l'istogramma più bello da vedere, regolando l'asse x, y, le etichette degli assi, il titolo e il colore in questo modo:

```
> hist(vettore,xlab="Risultati", main="Sondaggio di  soddisfazione",
    col="lightgreen", xlim=c(0,60), ylim=c(0,6))
>
```

Analizziamo le novità inserite in tale codice: abbiamo cambiato il colore dei rettangoli e abbiamo impostato gli estremi degli intervalli dei assi attraverso l'impiego degli argomenti xlim e ylim (Figura 9.10).

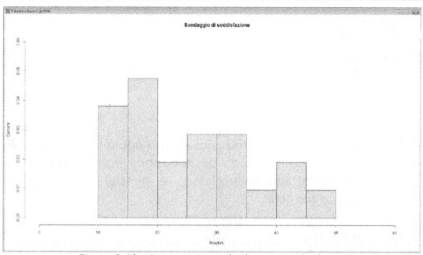

Figura 9.10 – Impostazione degli estremi degli assi.

Infine, possiamo aggiungere una curva di distribuzione normale a tale grafico utilizzando la funzione di curve(), in cui andremo a specificare una funzione di densità normale con media e deviazione standard che è uguale alla media e la deviazione standard dei nostri dati, impostando colore e dimensioni della linea per renderla maggiormente visibile (Figura 9.11).

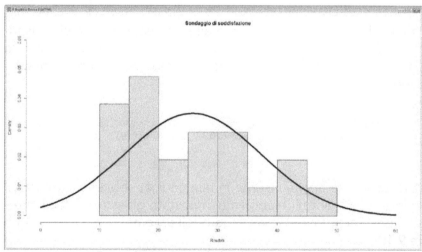

Figura 9.11 – Curva di distribuzione normale.

Si può provare a variare tali opzioni per ottenere il tipo di linea che si desidera:

```
> curve(dnorm(x,   mean=mean(vettore),   sd=sd(vettore)),   add=TRUE,
    col="darkblue", lwd=5)
>
```

Grafici a torte

Il diagramma circolare, spesso indicato con il termine di grafico a torta o areogramma è un metodo utilizzato in statistica descrittiva per rappresentazioni grafiche di variabili quantitative misurate su classi di categorie (valori nominali), al fine di evitare di stabilire, anche involontariamente, un ordine che non esiste nelle categorie (cosa che accadrebbe utilizzando un istogramma).

Un grafico a torta è costruito dividendo un cerchio in spicchi le cui ampiezze angolari sono proporzionali alle classi di frequenza. Come per l'istogramma, le aree sono proporzionali alle frequenze.

Creiamo un semplice grafico a torta con il comando `pie()`. Come sempre, creiamo un vettore di numeri e poi tracciamo il relativo grafico:

```
> vettore <- c(a=3, b=6, c=5, d=7, e=14, f=15, g=18)
```

Creiamo allora un semplice grafico a torta, utilizzando il comando `pie()`, che nella sua forma più semplice prevede una sintassi del tipo:

```
> pie(vettore)
```

Cerchiamo ora di personalizzare il nostro grafico che con il comando precedente era stato realizzato in un forma troppo semplice. Creiamo allora un grafico a torta, inserendo un titolo, delle opportune etichette per gli spicchi, infine adoperando la tavolozza dei colori impostiamo un colore diverso per ogni spicchio, controllandone il numero attraverso l'utilizzo della funzione `lenght()` (Figura 9.12).

```
> pie(vettore, main="Consumi settimanali", col=rainbow(length
```

```
        (vettore)),labels=c("Lunedì","Martedì","Mercoledì","Giovedì",
    "Venerdì","Sabato","Domenica"))
>
```

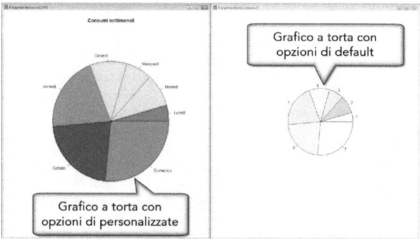

Figura 9.12 – Esempi di grafici a torta

Per rendere ancora più immediata la comprensione dei dati, è possibile rappresentarli in termini percentuali; vediamo come fare. Dopo aver definito il vettore contenente i dati, calcoliamo la percentuale per ogni giorno, usando una cifra decimale:

```
> vettore <- c(3, 6, 5, 7, 14, 15, 18)
> percentuale<- round(100*vettore/sum(vettore), 1)
>
```

Aggiungiamo il segno '%' per ciascun valore percentuale utilizzando il comando paste().

```
> etichetta<- paste(percentuale, "%", sep="")
```

Tracciamo a questo punto il nostro grafico a torta:

```
> pie(vettore, main="Consumi giornalieri", col=rainbow(length
    (vettore)), labels=etichetta, cex=0.8)
>
```

Infine aggiungiamo una legenda:

```
> legend("topright", c("Lunedì","Martedì","Mercoledì","Giovedì",
    "Venerdì","Sabato","Domenica"), cex=2, fill=rainbow(length
    (vettore)))
>
```

Sia nella funzione `pie()` sia nella funzione `legend()`, abbiamo utilizzato l'argomento `cex=2`, che ci consente di impostare le dimensioni del testo e dei simboli di stampa in modo che siano scalati rispetto al valore predefinito. Il significato dei numeri che compiono a destra del simbolo di uguaglianza è il seguente: 1 = default, 1.5 è 50% più grande, 0.5 è il 50% più piccolo, ecc.

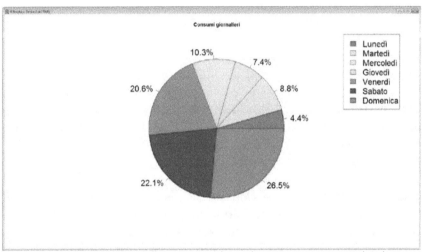

Figura 9.13 – Utilizzo delle percentuali per la rappresentazione dei dati.

È possibile creare dei grafici a torte tridimensionali utilizzando la funzione `pie3D()`, del pacchetto grafico `plotrix`. Per fare questo sarà prima necessario installare il pacchetto, quindi caricare la libreria di funzioni e infine utilizzare il comando.

```
> library(plotrix)
> pie3D(vettore,labels=c("Lunedì","Martedì","Mercoledì","Giovedì",
    "Venerdì","Sabato","Domenica"),explode=0.1, main="Consumi
    giornalieri")
>
```

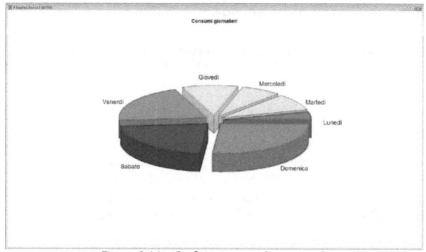

Figura 9.14 – Grafici a torta tridimensionali.

Infine consideriamo un caso particolare di grafico a torta i cosiddetti fan plot. Si tratta di una variante del grafico a torta che rappresenta i dati attraverso settori circolari posti in primo piano, tracciati a partire dallo stesso punto, dal più grande al più piccolo. Per impostazione predefinita, il più grande settore è centrato con il suo arco di circonferenza verso l'alto, dando al grafico l'aspetto di un ventaglio pieghevole.

I settori possono essere allineati sia rispetto al bordo sinistro, a quello destro o al centro. Tale impostazione è regolata dal parametro align che può assumere i seguenti valori: left, right o center. Ogni settore successivo è quindi ridotto, radialmente, di una quantità costante in modo che due settori uguali siano entrambi visibili.

Vediamo allora il tutto in un semplice esempio: riporteremo su un grafico di questo tipo gli abitanti delle più grandi città d'Italia, in modo da vere un indicazione immediata dei rapporti tra tali valori. Come sempre dapprima definiremo il vettore con i valori numerici, quindi imposteremo un vettore con le etichette dei dati e infine tracceremo il grafico con la funzione fan.plot().

```
> vettore<-c(2872021,1337155,978399,896773,678492,592507)
> etichette<-c("Roma","Milano","Napoli","Torino","Palermo","Genova")
> fan.plot(vettore, labels = etichette, main="Abitanti Città
```

```
          d'Italia")
   >
```

Il risultato è riportato nella Figura 9.15, in essa è possibile valutare, in modo semplice ed immediato, come la città di Roma rappresenti la più popolata tra le città d'Italia, con una grande distanza dalle altre che invece dimostrano una differenza relativa meno importante.

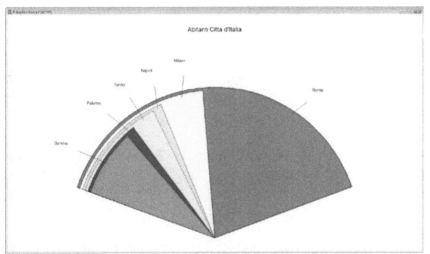

Figura 9.15 – Fan plot degli abitanti delle maggiori città d'Italia.

Box plot

Il box plot, detto anche diagramma a scatola e baffi, è una rappresentazione grafica utilizzata per descrivere la distribuzione di un campione tramite semplici indici di dispersione e di posizione. Un box plot può essere rappresentato, con orientamento sia orizzontale sia verticale, tramite un rettangolo diviso in due parti, da cui escono due segmenti. Il rettangolo (la "scatola") è delimitato dal primo quartile (25th percentile) e dal terzo quartile (75th percentile), e diviso al suo interno dalla mediana (50th percentile). I segmenti ("baffi") sono delimitati dal minimo e dal massimo dei valori.

In questo modo sono rappresentati graficamente i quattro intervalli ugualmente popolati delimitati dai quartili.

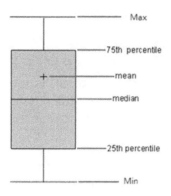

Figura 9.16 – Elementi statistici di un box plot.

Per comprendere la procedura di creazione di un tale grafico, utilizzeremo come esempio un set di dati fittizi creato ad hoc, utilizzando la funzione rnorm(), che genera sequenze casuali di dati normalmente distribuiti. Questa funzione richiede tre argomenti: il numero di campioni da creare, la media e la deviazione standard della distribuzione. Ad esempio il seguente codice:

```
rnorm (n = 100, media = 3, sd = 1)
```

genera 100 numeri (del tipo floats), aventi media pari a 3 e deviazione standard pari a 1. Per generare il set di dati che adopereremo nell'esempio, utilizzeremo la seguente istruzione:

```
dati <- data.frame (dati1 = rnorm (100, mean = 3, sd =2),
dati2 = rnorm (100, mean  = 2, sd = 1),
dati3 = rnorm (100, mean  = 6, sd = 2),
dati4 = rnorm (100, mean  = 8, sd = 0.5),
dati5 = rnorm (100, mean  = 4, sd = 4),
dati6 = rnorm (100, mean  = 5, sd = 1))
```

Il codice appena visto genera un dataframe con 6 colonne, di cui di seguito se ne propone un frammento:

```
> dati
        dati1       dati2       dati3    dati4       dati5    dati6
1    3.9996471  2.29977494  2.6732912 8.140525  4.72262276 5.262605
2    2.3894936  1.05002651  4.6186126 8.127680  1.86810036 2.935469
3    4.3931437  3.58886200  6.2678066 7.420344  1.85599013 4.701510
4    3.5189267  1.62580735  8.9392114 7.717769  8.62188192 5.534405
5    2.6472491  3.58646528  8.0027395 7.711957  4.87289882 5.383929
```

```
 6    3.8741931   3.26664099   5.0460385 8.716871    4.40977529 4.232769
 7    3.6331793   2.21845155   6.4939417 7.907156    2.79841132 3.665989
 8    2.8500964   2.76887010   7.8356058 9.177006    6.05701639 6.711522
 9    5.2935021  -0.17545841   6.6365518 7.743156   -0.47276264 3.887417
10    2.6529057   1.78774810   4.6320015 7.712573    4.86394463 4.851768
11    2.9491987   1.53671276   9.5967955 8.843561    2.36492773 5.875229
12    3.3652286   3.61531100   6.1873886 8.812040    8.96527070 6.480194
13    4.3701856   0.90459563   5.4905810 7.141106    5.33186111 4.524704
14    3.3715183   2.38507967   3.3720896 8.644118    3.29040793 3.685184
15    5.4487879   3.38525265   5.9762160 7.355037    1.42485039 4.157775
16    4.2765541   1.35440466   5.9375327 8.114296    1.99851661 4.352392
```

Per la creazione del box-plot possiamo utilizzare la funzione boxplot(), nella sua forma più semplice, aggiungendo il nome del set di dati come unico argomento:

```
boxplot(dati)
```

Questo crea il grafico riportato nella Figura 9.17.

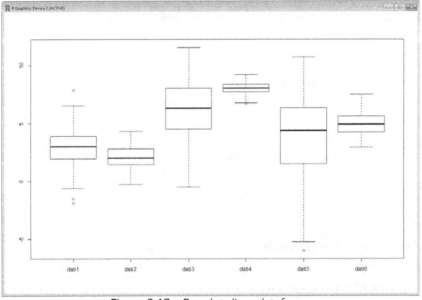

Figura 9.17 – Boxplot di un dataframe.

Com'è possibile notare, si tratta già di un buon grafico, ma appare evidente che necessita di alcuni aggiustamenti. Supponiamo di voler rappresentare, con il nostro grafico, il risultato di due osservazioni ripetute per tre giorni consecutivi.

Il grafico appena mostrato (Figura 9.17), si presenta in bianco e nero, i box-plot sono distribuiti uniformemente, anche se si riferiscono a diversi gruppi di osservazioni e non ci sono etichette sugli assi, quindi non risulta adeguato alle nostre esigenze. Dobbiamo allora cercare di migliorare il suo aspetto, attraverso l'impostazione di specifici parametri.

In primo luogo, vediamo come richiamare i nomi dei set di dati verticalmente, invece che in orizzontale. Questo può essere fatto facilmente con l'argomento `las`. In questo modo la chiamata alla funzione `boxplot ()` diventa:

```
> boxplot(dati, las = 2)
```

Dopodiché cambiamo il nome dei set di dati in modo che risultino più chiari. Per fare questo possiamo utilizzare l'opzione `names`:

```
> boxplot(dati, las = 2, names = c("Osservazione1A",
        "Osservazione1B","Osservazione2B","Osservazione2B",
        "Osservazione3C","Osservazione3C"))
>
```

Se, come in questo caso, i nomi sono troppo lunghi e non si adattano alla finestra del grafico si può aumentare lo spazio ad essi destinato, utilizzando l'opzione `par`:

```
> boxplot(dati, las = 2, par(mar = c(12, 5, 4, 2)+ 0.1),
        names = c("Osservazione_1A","Osservazione_2A",
        "Osservazione_1B","Osservazione_2B","Osservazione_1C",
        "Osservazione_2C"))
>
```

Analizziamo nel dettaglio l'opzione `par` appena utilizzata:

```
par(mar = c(12, 5, 4, 2)
```

in essa i numeri che compaiono tra parentesi assumono il seguente significato:
- 12 = spazio al di sotto dell'asse x
- 5 = spazio a sinistra dell'asse y
- 4 = spazio rispetto al margine in alto

- 2 = spazio rispetto al margine destro

A questo punto cerchiamo di raggruppare le osservazioni in modo che la divisione in tre giorni successivi sia più chiara. Per fare questo possiamo utilizzare l'opzione at, che mi permetta di specificare la posizione, lungo l'asse x, di ogni box-plot:

```
> boxplot(dati, las = 2, par(mar = c(12, 5, 4, 2)),at=c(1,2,   5,6,
        9,10),names = c("Osservazione_1A","Osservazione_2A",
        "Osservazione_1B","Osservazione_2B","Osservazione_1C",
        "Osservazione_2C"))
>
```

Analizziamo nel dettaglio l'opzione appena proposta:

```
at=c(1,2,   5,6,   9,10)
```

in essa abbiamo indicato che vogliamo i primi 2 box-plot in posizione x = 1, x = 2, quindi vogliamo lasciare due spazi e tracciare il terzo e quarto grafico (x = 5, x = 6), infine vogliamo lasciare due spazi e tracciare gli ultimi due grafici (x = 9, x = 10).

Se si desidera aggiungere dei colori al nostro diagramma, è possibile farlo utilizzando l'opzione col specificando un vettore contenente i numeri dei colori o i relativi nomi. È possibile trovare un elenco dettagliato dei numeri di colore al seguente url:

http://research.stowers-institute.org/efg/R/Color/Chart/

Mentre per una lista dei nomi dei colori, previsti dal linguaggio R fare riferimento al documento in formato pdf disponibile al seguente url:

http://www.stat.columbia.edu/~tzheng/files/Rcolor.pdf

Consideriamo l'esempio proposto:

```
> boxplot(dati, las = 2, col=rep(c("red","blue"),3),
        par(mar = c(12, 5, 4, 2)),at=c(1,2,   5,6,   9,10),
        names = c("Osservazione_1A","Osservazione_2A",
        "Osservazione_1B","Osservazione_2B","Osservazione_1C",
        "Osservazione_2C"))
```

```
>
```

Analizziamo l'opzione appena utilizzata:

```
col=rep(c("red","blue"),3)
```

con essa abbiamo specificato i colori da utilizzare ("red","blue") e per evitare di riscriverli per ben tre volte, abbiamo utilizzato la funzione rep per eseguirne appunto una replica.

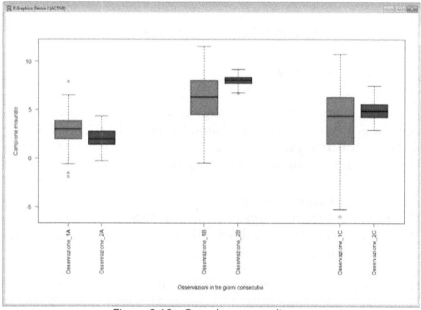

Figura 9.18 – Box plot personalizzato.

Infine, per gli ultimi ritocchi, possiamo inserire alcune etichette al grafico. Il modo più comune per inserire delle etichette sulle assi è quello di utilizzare gli argomenti xlab e ylab. Al fine di evitare che l'etichetta delle x vada a posizionarsi sul testo relativo alle etichette di ogni singolo grafico, utilizzeremo la funzione mtext(), che come sappiamo ci permette di inserire del testo al di fuori dell'area del disegno:

```
> boxplot(dati,ylab="Campione misurato", las = 2, col=rep(c("red",
        "blue")),3),par(mar = c(12, 5, 4, 2)),
        at=c(1,2,  5,6,  9,10),names = c("Osservazione_1A",
```

```
            "Osservazione_2A","Osservazione_1B","Osservazione_2B",
            "Osservazione_1C","Osservazione_2C"))

> mtext("Osservazioni in tre giorni consecutivi",side = 1, line = 9)
>
```

Come argomento della funzione mtext(), oltre a specificare il testo e in quale margine sistemarlo (side = 1 indica il margine in basso), abbiamo specificato il numero della linea (line = 9), ricordando che tale valore è numerato a partire dal margine dell'area del tracciato.

Il risultato delle nostre impostazioni è mostrato nella Figura 9.18.

www.ingramcontent.com/pod-product-compliance
Lightning Source LLC
Chambersburg PA
CBHW071424050326
40689CB00010B/1971